U0772370

中国百姓

在平凡世俗的日常里

以自己的方式

表达着喜怒哀乐

与一座城的岁月变迁

Folklife in the Late
20th Century China

市井中国

20世纪末街巷里的流年影像

陈锦 著

五洲传播出版社

目录

收旧货
成都窄巷子

010

1995

1988

农贸集市
资中铁佛镇

家门

泸州合江

1986

1998

街坊
宜宾冠英街

牌局
大英仓山镇

1996

1992

窗影
资中罗泉镇

　　1983年深秋，在北京故宫博物院，我第一次完整、仔细地拜读了宋代著名绘画长卷《清明上河图》，对画中描绘的那些生动逼真的世俗场景，忽然有一种似曾相识的感觉，脑海里浮起了儿时一些似真亦幻的记忆，仿佛它走进过我的生活，但又梦境般地离我很远很远……

　　我生活在被誉为"天府之国"的川西平原，晋代常璩的《华阳国志》把它描绘成"沃野千里，号为陆海；旱则引水浸润，雨则杜塞水门，故记曰：水旱从人，不知饥馑……"在自然经济占主导地位的过去，四川盆地气候温润，土地肥沃，又得都江堰灌溉之利，促就了相当发达的农耕文明；但相对封闭的地理环境，致使丰饶的物产只能在自给自足的基础上进行散漫的"体内循环"，如同四川人的传统生活，勤劳中伴随着永恒的优哉游哉。分散、个体的小农生产方式，是以川西平原铅灰色天空下幢幢林盘为标志，一种极富地域色彩的市井文化从这块黑黝黝、湿漉漉的土地上滋生起来——我就是被这种文化氛围濡化出来的"产品"。虽然《清明上河图》描绘的是北宋时期古都汴梁的市井人文，却与我在川西家乡经历过的有几多相似，读画而顿生亲切之感，便不足为怪了。

既然谈市井，首先还得说"市"道"井"。

"市井"一词，是由两个原本没有关系的字组合而成。据史籍载，"市"的基本语义特指做生意的场所；《说文》中也认为："市者，买卖之所也。"

《史记·正义》说："古者，相聚汲水，有物便卖，因成市，故云市井。"严师古注为："古未有市，若朝聚井汲，便将货物于井边买卖，曰市井。"此种说法在汉代的《风俗演义·佚文·市井》以及后来的《春秋井田记》中均有记载。将从事贸易活动的"市"，与取水的"井"联系在一起，还有一层意思：即古时的买卖多为瓜果菜蔬等农产品，交易前于井边汲水洗涤干净，以美好的形象示人，讨个好价钱。这种将做买卖的"市"与取水的"井"联系在一起的方式，总让人感觉牵强了一些，难免会有"望文生义"的嫌疑。但做买卖与水一定是有关联的。历史上，大凡人类多"择水岸而居"，日常用度、舟楫往来都离不开水，依水建渡，因渡设市是为了生活与交通的便利。我所居住的这座古老的城市成都，最初就建于府河与南河之间，有"两江珥其市"（扬雄《蜀都赋》）的说法。可见"市井"之井未必就是指的取水之"井"。

《管子·小匡》也说："处商必就市井。"尹知章注为："立市必四方，若造井之制，故曰市井。"从成都市西郊，以及附近的新繁、新都两县出土的汉代"市井"画像砖上可以看出，两千年前人们设摊做生意的格局，大多都是以规则的矩形相互连接，构成了"市廛所会，万商之渊；列隧百重，罗肆巨千"（晋·左思《蜀都赋》）的繁华景象。就近的例子还有今天仍保存完好的云南省丽江市大研镇的"四方街"：四方街的确是"方"的，全镇的建筑布局以四方街为中心向周边辐射，不仅传统的商贸活动，连政治的、文化的诸多行为，甚至全城民众日常生活的方方面面，都是围绕着它而展开。这让人想到了周代时的"井田"。所谓"井田"，就是根据规划，有一定面积和疆界的方块田。其中的"井"，既代表着一种形状，又具有标准、规格的含义，同时还是一个单位词（如《孟子》中的"井九百亩"和《周礼》中的"九夫为井"）。大约市井中的"井"就是从这里演化引申出来的。

市井已经从单一、狭窄的做生意的场所拓展为平民百姓的生存空间，凡城镇中普通民众的日常生活，都逐渐纳入了"市井"的范畴，甚至成为平民百姓的代名词。"市井"从一个纯空间的概念嬗变为更宽泛、更深邃的文化概念。市井，成为一种有别于乡村文化、宫廷文化、士林文化而特立独行的城镇文化现象。

在我们四川盆地，以省会成都为中心的大小城镇，星罗棋布般镶嵌在这块花毯似的锦绣大地之上。三里一场（集市）、五里一镇的格局同盆地内密集的人口有关，更是由"天府之国"优越的地理环境和丰富的自然物产所决定。历史上成都一直以发达的经济、文化著称于世。据《汉书·地理志》记载，成都在汉代已经是人口户数（76256户）仅次于都城长安（80800户）的第二大城市，为全国有名的五大商业都会之一。唐代的成都，更有"扬一益二"（成都古称益州，与当时得运河交通之便、"十里长街市井连"的扬州，同为商业大都会，一东一西遥相呼应。）的美誉。唐人卢求在《成都记序》中说：成都"江山之美，罗锦之丽，管弦之多，使巧百工之富，扬不足以侔其半"。所以应该称作"益一扬二"才对。当时成都的商品交易活动有："正月灯市，二月花市，三月蚕市，四月锦市，五月扇市，六月香市，七月宝市，八月桂市，九月药市，十月酒市，冬月梅市，腊月桃符市"，与之相结合的游乐活动更是蔚然成风、代代相袭。不过，成都作为传统的消费型城市，远离京畿，偏安于西南一隅，从小农经济的土壤中繁衍出来的相当发达的小商业和小手工业，形成了一支庞大的中下层市民队伍。一方面是"家有盐铜之利，户专山川之材，居给人足，以富相尚"（晋·常璩《华阳国志》）的兴旺景象，另一方面却又以恬淡悠闲、小富即安的生存理念体现于社会的方方面面。做小本生意担小风险，求安稳闲散过小日子，成为市民阶层传统的、带有普遍性的行为方式。就如今，民间还流传着所谓"打小麻将，吃麻辣烫，瞅小粉子，看歪录像……"的顺口溜，正是成都乃至整个四川盆地城镇市井生活最生动、最真实的写照。

我出生的二十世纪五十年代中期，恰逢中国社会的政治转型时期，一切社会生活、人文活动都围绕着这个转型发生着深刻的变化。新旧交替、移风易俗成为当时的时代特征。我在这样的社会历史背景中成长起来，那些千百年来约定俗成的生活观念、民风世俗难免同我若即若离，有一种真幻相生、捉摸不定的感觉。七十年代初在热热闹闹的"上山下乡"口号的鼓捣下，我远离家乡去云南支边，当我挟丰厚的人生经历回归故土，已经是十余年后的八十年代了。三十多年来的改革开放，搞现代化建设使社会经济得到了长足的发展，整个社会文明的进程也似乎力争与世界的发展同步。但是，当我们踏过历史的废墟向着新的时代迈进的时候，总会伴随着对传统的失落而生出忧心忡忡。因此，读《清明上河图》与其说勾起了我对故土传统市井生活的追忆，倒不如说激发了想要追寻已随岁月的流逝而逐渐褪色，但却永远充满了浪漫温馨的童年梦境。

二十世纪八十年代末的一个初春的清晨，我坐在锦江河畔露天的茶馆里，跷起二郎腿，手把盖碗茶……用手中的照相机开始了漫长的、快乐并痛苦的寻梦历程。

1996

宜 码
宾 头

1993

灶
头

内
江
东
兴

1992

茶客
成都新开街

1989

1992

玩
鸟

成
都
草
堂
路

1993

蜀
地

壹

还在大学念书的时候，放寒假时一位昆明同学趁我返家探亲，随我一道回到成都，都江堰、青城山、乐山大佛、峨眉山……逛了一大圈，最后要回昆明了，在送他去火车站的公共汽车上，我问他在四川的这些日子感觉如何，这位同学首先一大堆诸如好山好水、好吃好喝、好人好事等溢美之词，然后才深叹道："只是天空太缺乏诗意！"口气凝重而高亢，引得满车厢乘客投来诧异的目光。的确，相对于"碧空如洗、彩云南现"的云南来说，我们川西的天空过分低沉、昏翳，尤其在阴冷潮湿的冬季——我理解同学的感慨。

远古时期，四川盆地曾是一片浩瀚汪洋，随着数千万年的地壳运动，沧海变桑田，逐渐形成了周边被山地和高原环绕的盆地地貌。北面高大的秦岭和大巴山，阻隔着西伯利亚袭来的寒流，冬无严寒、夏无酷暑，温暖湿润、多云多雾，是盆地气候的主要特征。据统计，盆地内每年阴天日数在两百天以上，成都平原竟达二百五十余天，是全国日照量最少的地区之一。所以自古人说"蜀犬吠日"，并非四川的狗有什么特别之处，完全是平日里同灰蒙蒙的天空相处惯了，偶遇一个晴日，被太阳光蜇痛了眼睛，不高兴就吠上几声，也算应了"少见多怪"这句俗语。

俗语还说：一方水土养一方人；一方人造就一方文化。这种将"水土"与"文化"互为因果的说法，正是当代人类学最基本的观点之一。

一个叫巴克尔的西方人认为，气候、食物、土壤、地形，是决定人类生活和文化传承的四个主要的自然因素。

我国早期人文学者刘申叔曾描绘："大抵北方之地，土厚水深，民生其间，多尚实际；南方之地，水势浩洋，民生其间，多尚虚无。"旨在说明自然因素与人文精神之间的某种内在联系。

著名文化人林语堂在他的著述《中国人》中有更详尽的叙述："北方的中国人，习惯于简单质朴的思维和艰苦的生活，身材高大健壮，性格热情幽默，喜欢吃大葱，爱开玩笑。他们是自然之子。从各方面来讲更像蒙古人，与上海浙江一带人相比则更为保守。他们没有失掉自己种族的活力。他们致使中国产生了一代又一代的地方割据王国。他们也为描写中国战争与冒险的小说提供了人物素材。在东南边疆，长江以南，人们会看到另一种人。他们习惯于安逸，勤于修养，老于世故，头脑发达，身体退化，喜爱诗歌，喜欢舒适。他们是圆滑但发育不全的男人，苗条但神经衰弱的女人。他们喝燕窝汤，吃莲子。他们是精明的商人，出色的文学家，战场上的胆小鬼，随时准备在伸出的拳头落在自己头上之前就翻滚在地，哭爹喊娘……"如此的描绘虽是刻薄了些，却也揭示出不同的地域环境对民族性格的形成和文化心理的塑造有着深刻的影响。

再说我们四川，盆地内优越的地理气候，不仅润泽了川西妹子白净细腻的皮肤，也还孕育出如三星堆、金沙、都江堰、乐山大佛等名震中外的文化胜迹，以及司马相如、李白、苏东坡、张大千、巴金、朱德、邓小平等豪杰伟人。但是，也正因为盆地的地理气候，令川西人文弥漫着一种乐天率性、保守知足的温雅色彩，缺乏北方文化深境中蕴含的忧患意识和那种博大雄浑、舍我其谁的王霸之气。据说古往今来在四川成就了大事业的，很少有四川本地人；前面提到的那一干四川籍的豪杰伟人，哪一个不是走出盆地才有了大作为的。四川人很优秀，四川文化也很深厚，但四川盆地却很闭塞，盆地阴湿少日的气候更常常让人憋气。大凡北方人是极不愿冬季来四川的，他们受不了川西坝子晦暗阴冷的天气，依通行的话讲："霉兮兮的，心情不舒朗！"但四川人却有本事在这种"霉兮兮"的境况中，自得其乐地过着他们有滋有味的小日子。许多成都人都喜欢睡懒觉——快晌午了，天色还是那么阴沉昏暗；透过窗帘，铅灰色的苍穹像一床硕大的棉被紧紧包裹着大地，尤其在这寒气逼人的冬日，还有什么比躺在暖呼呼的被窝里更令人惬意的呢？

过往的教科书上，总爱将曾经代表华夏文明正宗的中原文化称为"黄土文化"。因为它根植于黄河流域的黄土之中，特定的地理环境成就了特定的文化现象和人文精神，淳厚、质朴、豪爽、执着，无疑是这一文化的重要特质。其实，中国本是一个民族多多、文化纷呈，地理地质结构复杂的泱泱大国，从南至北，由东到西，九百六十万平方公里土地上岂止是"一抔黄土"。前些年，一批居于云贵高原上的学人们，就自己赖以生存的这片沃土，提出过"红土文化"一说。假如我们也将滋生于四川盆地、带着强烈的地域色彩的某些人文现象，形容为灰色天空下的"灰色文化"，不知蜀中的乡亲们能否欣然接受。

说起天空，至少在我十六岁离开四川之前，从未感觉到家乡的天空有何不妥。后来去云南待了十几年，调回成都又因工作性质常常走南闯北，见识了蓝色的大海和比大海还要蓝的碧空；尤其是常在大草原上策马飞奔，聆听过从巍峨雪峰上飘来的豪迈、充满野性的山歌……当我们在描述华夏文明、古埃及文明、古希腊文明……会用上诸如"悠久、深邃、辉煌、灿烂"等词汇，其中"灿烂"二字如果不仅仅是一种形容，而是作为人从生理到心灵的一种体验，那么我算是深有感受。相形之下，四川盆地更像一口盛满了永远煮不沸的温热水的大敞锅，人泡在其中舒服倒是舒服，但人性中极富创造力的原始的冲动，也会在"软玉温香"的包裹下不知不觉被消磨掉的。所以，四川历史上就有不少"不安分"之人，冲破樊篱，北上东往，所谓"仗剑去国，辞亲远游"，真正成就了一番伟业，为四川人争回了面子。

蜀中就不乏以"蜀犬"自诩的文化人，他们深谙本土文化的奥秘，对其晦暗之处流露出极端的憎恶，不遗余力地鼓吹人性与文明的"灿烂之感"，就如狂吠着的"蜀犬"，吠就吠它个天翻地覆，再吠出个红日光光！

然而普通的四川人，也会在平凡的世俗生活中，以自己特有的方式，无处不在地表现出对于阳光的渴求。

晨炊

资中铁佛镇

1994

街市
南充固县

深巷
成都窄巷子

1990

门坊

成都皇城坝

邻里
成都锦官驿

1988

邻里
成都水井街

门板户

成都草市街

1988

邮
差

成
都
东
糠
市
街

街坊

　　我的一个北京籍同学曾对我描述过，二十世纪七十年代初期，他第一次来成都时留下的印象：街道很窄，人家多面街而居；一条丈许的竹竿横街而过，从这家屋檐挑向那家屋檐，其上晾满了刚洗过的铺笼罩被、内裤外衫；天微亮，张家健妇叉腰跷足于街心，唾沫四溅地与李家太婆论短长；当正午，打锅魁的师傅用擀面杖有节奏地敲击着案板，茶铺里传出了茶船子在茶桌上绽开的咣当声；日黄昏，户户置饭桌于街沿，王家幺妹脚拖吧嗒作响的木板鞋踱向赵家门前，一边毫不客气地从赵家饭桌上往自己碗里夹菜，一边还叽里咕噜地数说着："哟，吃的是菜脑壳煮腊肉嗉！"……

　　——这就是成都，一座不同于北京，更不同于上海的中国内陆城市的街头风景。

　　成都的建城史可以上溯至二千三百多年前的战国时期，最初的成都市民仍依据"择水岸而居"的通例，自秦汉以来，于府河、南河"二江"并流之处，逐步完成了"两江珥其市，九桥带其流"（汉·扬雄《蜀都赋》）的城市格局。早期实行"坊市制"，即为了便于管理，将城市居民的居住地划分成若干个街区，这个由一定数量的街巷组成的街区叫做"坊"，相当于现在街道办事处的辖区。坊与坊之间有坊墙相隔，居民从坊门进出。城市的规模大小以坊的多少而定。据南北朝时期梁朝李膺的《益州记》所载，南北朝时成都城内有120坊，且整齐而有规律。而"坊市制"，就是将做买卖的场所（市）与居住的街区（坊）截然分离。当时的市，类似于现今的大型商场，每日定时开放，定时散场。到了唐代，那种带有保守、封闭意味的坊墙坊门不复存在，"坊市制"也被废除，逐渐形成坊市合一、以街为市的开放性局面，商业愈加繁荣，城市也愈加发展了。

由于优越的自然条件和特殊的地理位置，成都历史上七次成为封建割据小朝廷的京都，两次成为农民起义政权的国都。而每一次新的政权的更替，成都城都要经历一次战火的摧残，伴随着一次由毁灭到重建的痛苦的过程。最为惨烈的要算明末清初连续六十年的战乱，从张献忠的"屠蜀"，到清军反复数次的破城，一个曾经是"既丽且崇"、有着"喧嚷名都会"美誉的大都市，竟落得个"城中绝人迹者十五六年，唯见草木充塞，麋鹿纵横"（沈荀蔚《蜀难叙略》）的悲凉景象。因此，这座有着数千年历史的古城的原貌，只能从史籍中少量的文字记载和几幅粗略的地图上窥其一二。我儿时见到的那座"古老"的成都城，其实已经是清康熙年以来，从一片瓦砾废墟上逐渐重建起来的。

清光绪五年（1879）和光绪三十年（1904）出版的省城街道图统计，成都城有大街137条和169条，小街巷有196条和289条；清宣统元年傅崇矩的《成都通览》记，全城街巷516条；1949年省文史馆调查，共有大街229条，小街巷505条。可见，近代成都的城市化进程还是颇具一定规模。

有人说：建筑是文化的空间载体。

对于一座城市，建筑是文化的标签，更是它的脸谱。尤其是民居建筑，反映出这座城市独有的经济状况、世俗民风。

传统的成都，始终是一座小商业和小手工业为主体的平民化城市。普通市民的居住方式，大都以家户人家为单位，互为依傍、彼此毗邻，似乎谁也离不开谁，具有浓厚的"群居"文化色彩。成都乃至川西平原大多数城镇的民宅都有一个共同的特点，临街的多是做买卖的铺面，背街的都是大小不等的院落。铺面有三间、双间和单间，木板门面，无窗，拆下木板后即成店堂，进深较长，常是前铺后家、铺院结合；也有的是一楼一底，楼下为店，楼上住家或堆放货物。铺面与铺面相连形成长长的檐廊，檐宽少则一米，多的达数米，既可遮阳，又能避雨。背街的院落以巷（北方称"胡同"）为连接出入通道，普通人家住的是小四合院，一户一院或几户一院，院中有小天井，天井里种些花草，房屋为粉白墙，深色门窗，小青瓦顶，整个格调朴素淡雅，给人以一种恬静舒适感。权贵人家住的大院，又被称作"公馆"，多是砖木结构，大门两侧为八字墙，墙面灰白色，门前筑照壁，门左右有门枋，可贴桃符或对联，门上则多绘门神；大门内数步是中门，中门常闭，非过车马及送迎而不启，平时多由左侧的小门进出；中门内为天井，正面是大厅，两侧厢房供仆役居住；厅后又是天井，上为正房，长者所居，晚辈列于左右；再后则是厨房、庭园等，有些大公馆则是更多的天井所组成，庭院内水榭假山一应俱全。**1949**年新中国成立后，这些公馆大院要么成了一些机关单位办公的地方，要么分配给住房困难的普通百姓，成为许多人家杂居其间的大杂院，俗称"十家院"。

四川人具有好交往、喜聚集（扎堆儿）、尚娱乐的生活习性，无论是居住在临街的铺面还是背街的院落，协调好街坊邻里间的人际关系，是尤其重要的。那些长长的铺外檐廊，宽宽的街沿，或者大小院落里的天井、院坝等，正好为居住者提供了一个明朗的休闲娱乐"共享空间"：男人们在其间喝茶下棋，会友聚谈；妇女们一边做些浆洗缝补类的手工活，一边拉拉家常；孩子们则为自己找到了发挥天性的好去处，恣意地嬉戏游玩，待夜幕降临，"逮猫"（捉迷藏）、"摆鬼故事"等节目更加的激动人心。在这里，人们的思想得以交流，情感得以宣泄，体现出浓浓的邻里亲情，就像生活在一个和睦的大家庭里。之所以像一个大家庭，是因为它有一个开放式的居住环境，居住者之间自然就形成了相偎相依、互帮互助的睦邻关系，与现在的人们住在单元楼里，"一门关尽，老死不相往来"的状况正好是鲜明的对比。

记得"文化大革命"的那些年，成都曾一度闹腾过"盗窃集团"的事情。所谓"盗窃集团"，又俗称"棒客"、"棒老二"，成群结伙专于黑幕掩护之下，行些打家劫舍的罪恶勾当。当时成都的街谈巷议，将这伙"绿林中人"的嘴脸行径，描绘得有鼻子有眼的：谁家的细软家什被洗劫一空，连内裤袜子都不放过，仿佛昨天夜里才发生在自己家隔壁一样。如是，整个社会都笼罩在一种惶惶不可终日的恐惧气氛里。为防备"盗窃集团"的侵扰，争取到一个相对安宁的生存空间，街坊间巷自发地组织起了联防队，家有青壮年男性者，均报编入册，轮流值夜巡逻。一旦发现"盗窃集团"的踪影，值夜者便敲响手中的锣钹，各家各户继而奋力地击打锅碗瓢盆，并助以呐喊，织成一张巨大的声网，让那些强盗们就像陷入了人民战争的汪洋大海之中，不吓破胆也会赶紧屁滚尿流地逃遁于无形。

真还有那么一个风雨交加的冬夜，一阵凄厉的呼喊声把我和我的家人，从原本就不太安稳的睡梦中唤醒："抢人啦！抢人啦！……"那喊声在黑幕中忽远忽近、时断时续，极其恐怖。锣钹敲起来了，锅碗瓢盆也敲起来了，东西南北响成了一片，甚至还有人点燃了鞭炮，其阵仗比起年夜中报岁时的热闹劲更加有过之而无不及。那年十三岁的我从卧室的窗棂向外窥探，隐约看见曾当过新四军的韩伯伯，将略嫌臃肿的身躯挪伏于檐廊下那张旧橱柜的后面，对着黑洞洞的甬道呼叫道："出来！我已经发现你了。再不出来别怪我不客气了！一班长，把机关枪抬过来；二班、二班，拿手榴弹……"他一边叫喊，一边跺脚，仿佛又回到了那个战火纷飞的年代。

第二天天刚放亮，联防队员四处打探，各家各户的锅碗瓢盆敲坏了不少，却最终谁也未曾看到"盗窃集团"的影子，连那阵"抢人啦"的呼喊声发自何方，更无法考证。直到今日，"盗窃集团"是否真的存在过，我仍表示怀疑。我甚至觉得，这种始终停留于传闻或者捕风捉影的被无限夸大的事情，不过是特定的动乱年代里某种社会心态的真实反映。但那天夜里街坊邻里间同仇敌忾、一呼百应的态势，永远留在了我的心间。

"强盗"无缘谋面，但有一类非常有意思的市井人物是不能不提及的，他们被成都人戏称作"街娃儿"。

街娃儿，顾名思义，自然是与街道有关系的人。准确地讲，他们是生活在街坊之中，以临街铺面和杂院中人为主，年龄多十几岁，以至二三十岁不等的一个特殊的群体。所以把街娃儿视作"特殊的群体"，因为在平常人眼里，他们属于"另类"。这群人无所事事，成天混迹于街头巷尾，行为乖张、语言粗俗，喜欢凑热闹、吊二话（打趣起哄或在严肃场合说一些不严肃的话）、管闲事，倒也不乏诙谐幽默，甚至疾恶如仇，好打抱不平……其实，街娃儿们的言行举止，已经不能用传统的道德观、价值观去品评衡量，他们是一群从不墨守成规，有着极强的逆反心理、蔑视权威、张扬个性、追求自由的人。

细究起来，能划入街娃儿行列的人大约有这么几种特征：

首先是家庭居住条件比较差。一般临街和杂院人家房屋窄小，无窗，千层土地面（常有反水现象，需不断覆盖炭灰，以保持干爽），阴暗潮湿，数辈人同住，几乎只有置床的空间，连阖家吃饭都得摆在街沿上或院坝中。因此，街娃儿们的家只是一个睡觉的地方，日常的活动自然放在了街面上这个更加广阔的天地里。

再就是家庭经济状况普遍不好。能将就临街的铺面，做点针头麻线或油盐酱醋类的小生意已属不易；再不就加入裱糊火柴盒、钉鞋底板或打蜂窝煤的小手工业行当，也只是"三天打鱼、两天晒网"，难以固定持久。微薄的收入勉强维持一家老小的生计，常会有捉襟见肘的窘迫感。老实说，安于现状，不求进取的心态，是影响制约这类家庭的经济状况的主要原因之一。街娃儿们宁肯在街巷中闲逛够了，回家吃酸萝卜泡冷饭，也不愿为改善生活境遇去努力付出。

最重要的当然还是文化程度偏低。似乎没有尝过不读书的苦头，也没有享受过读书的好处，所以无所谓读书不读书，读书等于不读书，因为不会认真读书。大凡街娃儿们上了学的都会逃学，更何况有许多根本就没有机会上学。由于家庭境况的困窘，长辈们无暇顾及子女的教育，多任其在街市中厮混，自然沾染上浓重的游民习气。对他们来讲，自有一套独特的为人处世的方法，虽然难免简单粗俗，却也天真率性，绝少的羁绊，绝少的顾忌；唯一会在真正有"本事"的人面前，能服气，间或流露出自卑的神情。

我同街娃儿们的交往，还是从儿时打架葛孳开始的。

过去成都的机关事业单位，办公和住家往往同在一个大院里。生活和工作相互照应，充分体现了计划经济体制下公家与个人之间"暧昧"的利益关系。大院中有食堂、有澡堂、有球场，甚至还有果园、菜地，养着猪，简直就是一个"五脏俱全"的独立社区。我自幼在这样的环境里成长，平日的生活规律就是从大院走到仅一街之隔的学校，放学后再从学校回到大院，很少有机会走出这个被高高的灰墙阻隔着的小天地，与外面的大千世界接触交往。

大院里的孩子真还不少，由于我过于的调皮，竟然在同年龄段的二三十名孩子中成了"孩子王"，常率领"弟兄们"干出不少让长辈们十分头痛的"勾当"。一次一名"小兄弟"从学校回家的半途与附近的街娃儿们发生了纠葛，据说吃了亏，极其委屈地在我这个做"大哥"的跟前告了状。为了替"小兄弟"撑腰，更为了给做"大哥"的我挣回面子，即刻邀约了十余名"弟兄"冲出大院，同街娃儿们展开了一场群殴。最终当然也是以我们落败、退回大院为结局。由于殴斗中我将一名对手的左眼打伤，肿得像一只熟透的水蜜桃似的，街娃儿们不依不饶地围住了机关大门，声言要寻我报仇。我知道这下可闯了祸事了，便躲在家里的床角落处不敢出来。后来惊动了父母，对街娃儿们又赔不是，又付药费的，才算平息了事端。

所谓"不打不相识"，从那以后我真还同街娃儿们结下了不解之缘。

时值"文革"前期，学校停课，我们"赋闲"在家，有了更充裕的闹腾的时间；父母们都忙于搞"运动"，无暇规范孩子们平日的行为，有点儿"马放南山"的感觉。我们便趁此革了曾一直禁锢着我们儿时生活的高墙大院的命，走向"外面的世界"，成天里同街娃儿们厮混在一道了。从街沿上打弹子、拍纸烟盒、南门大桥跳水、华西坝捞鱼虾，到武侯祠粘蝉子、城墙边儿斗狗，甚至于去杂货铺"旋"（顺手牵羊）柿饼，或成群集伙串至青石桥农贸集市，围着河南来的贩卖电抱鸡儿的大竹筐，趁其不备捞上两只，急得摊主顾得了东顾不了西。居然有一次伙同十来个小泼皮，来到南府街口的理发摊前，理发椅上躺着一个刚好刮完光光头、满脸肥皂泡、正准备剃胡子的老大爷，泼皮们下操似的按高矮排成队列，喊着"一二一"，依次地上前抚摸那只锃亮可人的光光头。被侵犯的老大爷不便动弹，直气得浑身发抖；直到理发师傅破口大骂，众泼皮才狂笑着心满意足地一哄而散！

这段日子，是我一生中最最快乐，也是最最重要的。它是我真正意义上接触市井生活的开始，更是我后来的平民思想、平民意识形成之滥觞。总结起来，如果说在我的身上还有那么一点"讲义气、重友情"的品行，以及"独立不羁、放浪形骸"的个性特征，那一定是当初同街娃儿们的交往分不开的。

曾几何时？当代城镇的发展改变着人们传统的居住方式，钢筋混凝土的高楼大厦取代了砖木穿斗结构的旧式瓦屋。街坊中的生活随着街坊的消失而成为记忆，愈加地显得弥足珍贵起来。因为它不仅昭示出一种文化，而且述说了一段以单纯、质朴、真诚为其本色的，于人类文明进程中永远值得彪炳的"幸福时光"。

归途   冬日街景
隆昌牌坊街   成都宽巷子

釀
豆
瓣

成
都
小
北
街

1994

晒香肠
成都小北街

半
导
体

成
都
新
开
街

1989

1997

晾萝卜干
成都存古巷

家归
崇州元通镇

1990

1995

闲
人
街

内
江
东
兴
镇

1996

1996

邻
里
成
都
半
截
巷

唠家常

宜宾水东门

1993

走人户
宜宾水东门

放学

合江福宝镇

1996

1991

家
事

　　母亲去世那年我满五岁，弟弟三岁。与母亲在一起的时日太少，我们又太小，印象中，母亲与其说是一个鲜活的人，不如说是一种向往，是随着岁月流淌在我们幼小心灵里逐渐孵化出来的一个母爱的化身。毕竟，同别的孩子一样，我们也渴望得到母亲的呵护与爱！

　　我九岁那年父亲续了弦，继母是一位旧社会过来的苦大仇深的工人，秉承了劳动阶级与生俱来的勤劳、善良、质朴和率直，没有多少文化。在那个清贫的年代里，她不仅做了父亲的妻子，而且还要给两个调皮捣蛋的小家伙当后妈，担负起并不轻松的家务活儿，委实不容易。父亲工作忙，时常出差在外；继母在纱厂做事，三班倒，回来后还要照顾一家人的饮食起居。不过，比弟弟大两岁的我，已经成了家中不可或缺的劳动力，煮饭、洗碗、洗衣、打酱油、买煤、拖地板擦桌子……什么家务活儿没干过？邻居们夸我"能干"，其实我心中暗暗叫苦，真希望多一些玩耍的时间呵！就说过年前的推汤圆粉子，我必是承担推磨的任务，继母在一旁将泡涨了的糯米一勺一勺地往磨孔中送，每次只能送入少量糯米，多了则推出的粉子会粗，要推完一大盆糯米总得花上三五个小时。就这样坐在那里推呀磨啊，总觉得盆里的糯米减少得太慢，别说心里有多着急！那年月家家户户还有自制香肠腊肉的传统习惯，我们家每年也爱做酱肉，将买来的新鲜猪肉用盐、花椒等腌上一周，再晾在室外任风吹日晒，并一层层地往上面抹甜酱，待晾干后煮熟食用，味道特别香。当然，每次抹甜酱的活儿总是交代给我的，好几十斤肉，吊起来一长串，要反复多次地抹完它，不仅要时间还得有足够的耐心，真还是难为我了。每年年关前的铺笼罩被大清洗，我也是主力军，那时，大院里的洗衣台是公用的，得早早地去抢占位置，晚到的只好在后面排队等候。洗刷过程中为了避免打湿身上的衣衫，继母一定要给我系上围腰，一个"大小伙子"，挤在妇女堆中干这些婆婆妈妈的家务活儿已经够难为情的，还要系上围腰，继母说做事就要像做事的样儿，这样儿招来了四周人们善意的打趣，我的脸颊绯红，眼里噙满委屈的泪水，直想瞅一个地缝钻下去。继母的老家在距成都五十多公里外的崇庆县乡下，一次家乡的亲戚劳神费力地帮我家买到一些鲜鸡蛋和挂面，家里委派我骑了父亲那辆破旧的自行车（单位公车）将这些当时是非常紧俏的物品捎回来。那年我的个头尚未长成，只能用脚尖才够得着自行车的脚踏板，蹬起来十分吃力。正值盛夏，骄阳似火，我淌着一路的汗水日行百里，黄昏时分，眼见着成都城就在面前了，不小心一个趔趄，我和自行车摔了一个大跟斗，数十个鸡蛋无一幸存，挂面洒了一地，我坐在路边呆呆地守望着这片残局欲哭无泪，让我第一次尝到了人生旅途中受挫折的滋味。好在家里人见到我兜回来的鸡蛋与挂面的碎片以及手肘上的道道伤痕，没有责怪我，一颗沮丧透顶的心还算得到了些许抚慰。

父亲是一个严厉的人，也曾年纪小小便挑着一对竹箱从重庆巴县老家外出求学闯天下。大约是长期生活的重压以及旧式家庭的影响，在对待我们的教育问题上，坚守"黄荆条子出好人"的信条，经常会采取一些与一个有文化的人极其不相符的简单而不可理喻的方法。我们很调皮，时常挨父亲打，孩子哪有不调皮的呢？因此挨打就成了家常便饭，以至于每天看见父亲下班回家便心里发怵，不知会不会又发现了我们的"不轨"而招致皮肉受苦。我自小是一个很要强的孩子，喜欢的东西总会想方设法去得到它，甚至不择手段、不计后果，因此也曾养就了一些小偷小摸、顺手牵羊的恶习。有一次我竟将邻居家存放在抽屉里的零碎菜金据为己有，去买了向往很久的洋画儿和玻璃蛋子。这事很快便被邻居发现并向父亲告了状，真真气坏了家里人！那夜，仿佛天空特别黑暗，父亲的脸色特别青，一顿狂风骤雨似的暴打看来是免不了的了。父亲锁上了房门，将继母以及闻讯前来规劝的邻居们拒之屋外，弟弟早就吓得不知躲哪里去了，命令我将四只圆凳拼在一起，脱掉全身衣裤俯卧于圆凳之上，然后，他倒握着鸡毛掸狠命地朝我光着的背脊和屁股蛋抽将下来——那年月的鸡毛掸把可是用实心的竹根节做成的，韧性特好，抽在人身上钻心的痛。猛烈的鞭挞伴着我惨烈的哭喊声划破了夜空，继母和邻居们担心打坏了我，在外面敲窗撞门，想制止父亲的暴行。但父亲置若罔闻，没有半点歇手的意思，反而更加快了抽打的节奏。终于，房门被撞破，邻居们冲进屋将父亲架走，我也早已皮开肉绽，几欲昏死过去。后来我想，我的这般惨状，新中国成立前重庆渣滓洞里被美蒋特务摧残的革命党人大约不过如此了吧，只不过没有灌辣椒水和坐老虎凳，父亲真是下得了手啊！自那夜以后的一二周里，背脊和屁股上的伤口让我无法安睡，是继母每晚为我擦洗敷药。继母悄悄告诉我，那几日父亲总会在背后关心我伤势的愈合情况，叮嘱继母为我做些好吃的。

　　"文革"初期的那几年，社会上流行每日在领袖画像跟前早请示晚汇报，背诵语录，端正自己的思想和行为，以防背离无产阶级的革命路线；尤其是那些运动中被打入另册的走资派、地富反坏右等牛鬼蛇神，更要随时随地向领袖像汇报思想、忏悔并讨伐自己的所作所为。这种事情现在想想很好笑，而且不可思议，但在当时却是一种社会风尚，父亲竟然也用了这一"风尚"来整治犯了错误的我们。首先要挨打，然后写检查，反复写，直至"深刻"方止（大概我写作的基础就是那时打下的），再在领袖像前念检讨书，一定要表达出十二分的悔意。而且，早晚还要毕恭毕敬地背诵"老三篇"，父亲随时会抽查的。那时候学校全都停课闹革命了，我们这些孩子放了羊似的无书可读、无事可做，成天东游西荡净干一些调皮捣蛋的事情，父亲借了这一"风尚"来约束我们，也不失为一种无奈却有效的方法。

这里，我似乎总在编排父亲的不是，其实，父亲还是有许多令我敬佩的地方的。

记得有一次父亲单位的同事编印了一份专门刊载"文革"中央"内部消息"和宣传"革命造反"思想的小报，为了及时广泛地将小报发布于社会，这位叔叔组织大院里与我一般大小的孩子们当了报童，一齐上大街小巷吆喝卖报。小报五分钱一份，每卖一份我们可以提取一分钱作为劳动报酬。小报很好卖，一天下来我和弟弟便轻松卖出一千多份，也得到了十多元钱的收益。后来，此事被父亲知道了，他很严肃地批评我们"索取"报酬的行径，认为传播"革命消息"本是应尽的义务，无须报酬，更何况小小年纪便存了"捞钱"的思想是极不健康的，责令我们立刻将钱退还回去。十多元钱呵！在那个清贫的年代里很可能就是许多人家一个月的生活费用，对于我们小孩子来说，从来也不曾拥有过如此"巨大"的财富，它可以实现多少平日里不敢奢望却又梦寐以求的事情哦！我们不敢违抗父命，乖乖将钱退还。这件事情，着实让我们心痛了好一阵子，且不论父亲的做法是否合乎情理，毕竟它带有强烈的时代印迹，但父亲在处理事情时所表现出来的有原则、讲操守的品行，对我们影响至深。

　　父亲还是一个能干而细心的人，在继母未来之前，家里的缝补浆洗、吃喝拉撒全由父亲一人承担，真是又当爹来又当妈，连我和弟弟身上穿的毛线衣都是父亲亲手织就的。业余时间，父亲喜欢摆弄一些手工玩意儿，比如做一个卷烟机什么的，因为那年月香烟要定量供应，抽烟的父亲托人去外地带回一些生烟丝，甚至将抽剩下的烟蒂积攒起来，剥出烟丝晾干，待月底缺烟时再用自制的卷烟机卷成纸烟杆儿，很解决问题。父亲还能够组装收音机，从最简单的矿石收音机到复杂的电子管再到晶体管，装机的零部件都是抽空去城隍庙电子市场淘来的二手货或等外品，经常鼓捣至深夜，有点废寝忘食的感觉。每当有了最初成果的时候，一家人都会迫不及待地围坐在还没有来得及装上外壳光秃秃的收音机前，听见从那只碗口大的黑纸盆（喇叭）里发出来略带一点沙沙声的样板戏的唱腔。我们都很惊奇，佩服父亲的本领，这时的父亲会跷起二郎腿，点上一支香烟，很满足的样子。

　　在一个月光皎洁的仲夏之夜，父亲带着我（那时弟弟还在托儿所）与几位邻居在院坝里乘凉聊天，家长里短中邻居们都流露出了对我们小小年纪便失去母爱的由衷地关心和体恤。我偎在父亲的怀里，他用宽大的手掌轻轻抚摸着我的后脑勺，发出了一声细微的喟叹！我后来揣摸着，这一声喟叹所包含的内容实在太多太多，既有忙于工作对我们关爱不够的一份歉疚，又有在养育我们的过程中独自品尝到的苦涩与艰辛……此时此刻的父亲，是那样的慈祥而深情。

　　虽然过早失去了母亲是不幸的，但相比现在那些并不缺少父爱母爱的独生子女，我们这代人还有兄弟姊妹，儿时的岁月不曾孤独过，我和弟弟终日相伴：睡时手足相抵，醒时形影不离。父亲续弦之前，因工作外出三五天是常有的事，我们兄弟俩得自己照顾自己；有了继母后，每遇上她当中、夜班不能回家，正巧父亲也出差未归，我们还是自己照顾自己，因此，从小养成了独立生活的习惯，时不时会过上一段无拘无束的日子。孩子们都好耍，是天性所至，回想起来，花样繁多的耍法数不胜数，尤其豢养小动物，是我们儿时最喜欢的事情。说起养动物，天上飞的、地下爬的、水中游的，都是我们试着想要获取的。比如养蚂蚁，我们用一个洗脸盆盛满水，在水中央堆起一座小土丘，将捉来的蚂蚁放在土丘上，因为无处可去，蚂蚁只能在土丘中打洞安家，再给它们放上一些饭粒或死掉的昆虫，希望蚂蚁们能够在这孤岛之上按照我们的意愿生存下去。再如养小鸭子，这些小鸭子都是从市场上河南来的贩鸭人那里偷来的。偷小鸭得讲究技巧，由一人与贩鸭人搭讪引开他的注意力，另一人用蔬菜叶逗箩筐中的小鸭来啄，当小鸭的头刚伸出箩筐边缘的竹编孔，便抓住鸭嘴往外扯，小鸭就到手了。为了将小鸭养大，我们不惜去大院伙食团的泔水桶里淘来剩菜剩饭，还大老远下乡打捞田里的浮漂和沙虫子。看着小鸭们在我们的精心饲养下一天天长大，褪去绒毛长出坚羽，别说心里有多愉快！我们当时住的四合院，院中间一条小道，道两旁有花台，花台比四周住房矮一截，每遇下大雨，花台里就会积水，形成两个临时的水池子，这时候，小鸭们拍着翅膀扑入水池中玩耍嬉戏，看着鸭们高兴，我们也高兴。我们很想养小狗，但当时城里不允许养狗，我曾亲眼见过街道上成立的打狗队，扛着木棍挨家搜查，被查着的狗儿当众打死，那情景有人欢呼雀跃，有人撕心裂肺。我们前后养过好几只小猫咪。小猫很可爱，通人性，随时偎在你的脚边，还跳上膝头肩头与你玩游戏……一次我们养的小黄猫生病了，整日萎缩缩的，怕冷，很可怜的样子，晚上睡觉时将它放入我们的被窝，希望给它一些温暖，谁知第二天起床时小猫的身体已经被弟弟的大腿压成了扁状，早没了声息。我和弟弟将小猫的遗体埋在大院防空洞的土丘之上，给它起了坟头，立了碑，默哀好一阵子，以表达我们的怀念与歉意。

我与弟弟也会闹一些小矛盾，甚至惹急了还会拳脚相加的。弟弟毕竟比我小，在家里总会多一些照顾，尤其做家务事，我自然被分派得更多一些，如此，心里不平衡，觉得吃了亏，父母面前既不敢怒更不敢言，只能瞅机会找茬儿迁怒于弟弟。有一次，弟弟希望得到我好不容易搞来的一枚毛主席纪念像章，我舍不得给他。趁我不注意，他从我手中一把抢过像章便往屋外跑，我追到屋外顺手从地下拣起一个鸡蛋大的卵石，朝着距我三十米开外的弟弟扔过去。我原本只想吓唬吓唬他，没有真砸的，谁知那卵石却不偏不斜正好砸在弟弟的后脑勺上，立刻血流如注，可把我吓傻了眼。邻居们急忙叫来人力三轮车将弟弟送往医院包扎伤口。继母下班后见状，以从未有过的严厉口气训斥了我，幸好父亲出差在外，才免去了一顿暴打。一次在大院里玩耍，弟弟因违抗我的意愿而让我恼羞成怒，竟用一根五尺长的竹竿抽打向我告饶的弟弟，当时的情景真与父亲打我时有点相仿，后来被邻居们发现才住了手的。这件事情，成为不堪回首的一段童年记忆，总结起来，我的行为与父亲的影响不无关系。当然，更多时候我和弟弟很要好，每每遇到弟弟被别的孩子欺负，或者我与别的孩子发生矛盾，兄弟俩总是"同仇敌忾"，相互援助、联手对付。比如，大院里有一个长得比同龄人要高大结实的孩子，我们平时戏称他为"山东大汉儿"。"大汉儿"常常仗着自己个头大、力气大欺负人其他孩子，有时也会与我们发生芥蒂以至拳脚相加。每遇此事，我和弟弟便会商量着采取以静制动的战术，分头夹击他，当袭击我时弟弟会从他身后进攻，袭击弟弟时我更是紧追他不放，让"大汉儿"两面受敌、首尾不能相顾，只好长时间与我们对峙，最后直到"大汉儿"认输哭鼻子方肯罢休。

"偷书"恐怕要算是儿时最值得炫耀的事情了。我们当年居家的地方是一个新闻出版单位，办公室与宿舍同在一个大院里。大院有一个资料室，实际就是专供职工查阅的内部图书馆，藏有上世纪初至建国后出版的各种中外书刊，称得上是一座文化知识的大宝库。时值"文革"期间，资料室里的书刊都成了封、资、修的毒源，招致了封存待审。资料室是一座老式的木结构平房：木柱、木门、木窗、木地板……建在大院最冷清僻静之处，平时鲜有人迹，被封存后更加疏于管理，这就为我们这帮小"窃贼"提供了图谋不轨的便利。当然，这支"窃贼"队伍不单只有我们兄弟俩，大院里与我们同龄的男孩子大多加入了进来。行动总是发生在月黑风高之夜，由弟弟们在外放哨望风，遇有动静便以约定之暗号相互传递；我们大一点的孩子则从资料室破损的窗户上翻入，借着微弱的手电光在混杂着霉臭与书香的典籍中上下寻觅，希望找到令我们心仪的目标。"偷书"行动前后持续了好些年，最初从连环画小人书入手，到后来发展为"字书"（纯文字著作），一套套中外文学名著仿佛冲破牢笼获得了解放，经我们的"贼"手源源不绝地从窗户递出，在那个物质食粮和精神食粮均极度匮乏的年代里，这些书籍陪伴了我们的童年到少年。我还记得前苏联作家肖洛霍夫的《静静的顿河》，整整四大部，上百万字，才十二三岁的我于一周之内囫囵吞枣似的阅读完毕，个中情节早已忘却，但"格利高里""娜塔莎"等人物形象永远留在了心间。就在我当知青离家之后，弟弟们继承了"偷书"的事业，且青出于蓝而胜于蓝，从名家小说到文艺评论，从历代诗赋到绘画书法……统统不放过，我每年探亲回家，离开时都会"转移"一批。知青的日子是清苦单调的，但有了普希金、雨果、陀思妥耶夫斯基、别林斯基、托尔斯泰、大小仲马……当然，还有老乡李白和苏东坡等前辈们，在这蛮荒边地与我日夜厮守，倒也不显寂寞。后来我总结自己之所以能够考上大学"混入"文化人的队列，从某种意义上讲，这点文化的底子大多还是"偷"来的。

在我们这个家庭中，有两个长辈与我和弟弟的成长密不可分：一个是父亲的妹妹，应该叫"姑妈"；另一个是母亲的妹妹，叫"姨妈"，但一直我们都习惯将她们称呼为"嬢嬢"。姑妈从成都东郊的国防工厂调往广元的山沟沟里支援"三线建设"，于是我们称姑妈为"广元嬢嬢"；姨妈在绵阳的医院里做口腔科大夫，我们称她"绵阳嬢嬢"。自从母亲去世之后，这两个至亲之人自觉地承担起了养育照顾我们的一份职责，即便有了继母，这份职责也从未减轻过。多少年来，两个嬢嬢从物质到精神对我们的帮助是不可以秤称斗量的，毫不夸张地说，正是她们的关爱让我们感受到"家"的温暖和亲情的珍贵，体会到了幸福的童年时光。

1968年初夏，我十三岁，陪着嬢嬢一家从成都搬迁去广元。乘火车从成都去广元本应是大半天的路途，在那个乱了套、什么都不正常的年月，走走停停竟耽搁了两天一夜。初出"远门"的我感觉外面的世界都是新鲜的，倒也一点不觉得旅程的劳顿与漫长。当北去的列车驶出了川西平原，跨过了丘陵再进入绵延起伏的大山，我目不转睛地盯着窗外瞬息万变的景致，嬢嬢意味深长地对我说："瞧，这才是真正的大山！"的确，在此之前我还只是从画片和电影里见过大山，而今身临其境，激动的心情可想而知。当时，我的脑海里勾勒出了一幅美妙的图画：林木茂盛的崇山峻岭中，一个扎着绑腿、身穿兽皮背心、肩扛猎枪、手牵撵山狗的英俊少年，正在追赶一只已经被射伤的獐子，獐子跟跟跄跄的步态和少年矫健的身形，映衬在蓝天白云之间——这少年不是别人，就是我。

来到了广元，就是将自己投入了大自然。

当时的广元相对于省城来讲还是一座偏远的山区小县，嬢嬢所在的"三线"工厂又建在距县城十几里外的一条小山沟中。因为是初建，厂区没有围城，住的宿舍依山傍水，迈出家门便爬坡上坎。我还记得推开嬢嬢家的后窗便可欣赏到美丽的山野风光，那山上的野梨树，春天里一定会开满洁白的花朵，还有成片的高大山核桃，果壳坚硬，果肉尤其香甜。草丛中时常有野兔出没，我试图去追赶它，这家伙像箭一般射出，顷刻间无影无踪。用两小时翻过山头就能看见一座明镜似的湖泊，成群的野鸭在水中游弋，见有人来，扑打着泛出紫光的翅膀冲上天空，在山坳间盘旋一阵，又降落在湖的另一头。白天可以去沟口的南河里游泳摸螃蟹钓鱼，那时的南河水清澈得能见到鱼儿在水中穿梭；河滩的沙地里种着大西瓜，玩累了渴了，瞧四下无人，赶紧偷上一只躲在瓜棚后解解馋。到晚上打着手电、提一只布口袋，下到屋前的小溪里捉青蛙。有一次为了给月子里的孃孃补补身体，我领着叔叔（姑父）顺着小溪走了近两公里，捉青蛙捉得兴起，当我正想伸手去逮蹲在石头上的一只肥大的青蛙时，突然发现旁边一条一米多长的毒蛇吐着红信子也伺机扑向这只大青蛙，着实把我和叔叔吓出了一身冷汗，好在有惊无险，毒蛇溜了，大青蛙也跑了，不过，那天夜里收获颇丰，共捉到三十多只青蛙，足有十余斤。

在广元的日子，我们天性释放、童心荡漾，与大自然水乳交融。孃孃、叔叔待我们如亲生，让我们享受到"家"的和谐与温暖，尤其是不再有在成都时的那种局促紧张的心情。因此，我和弟弟时时刻刻盼望假期的到来，这样又可以去广元了，又可以在山水间续接我们的快乐童年。即使我长大参加工作后，由云南回成都探家，还会从有限的假期中抽出几天回到广元，看看孃孃一家，旧地重游，寻觅儿时的足迹。

广元孃孃迁去"三线"前一直居住在成都，与我家来往较为频繁；绵阳孃孃距成都虽然仅百多公里，那时也有半天的路程，工作忙家务重，难得外出，与我们见面的机会少，但每次相逢总会给我们带来"惊喜"，留下深刻的印象。记得刚上小学不久，有一次父亲出差在外，弟弟还在幼儿园，家中就我一人，中午放学回家准备给自己做饭，猛然间看见绵阳孃孃站在家门前等候着我，真是喜出望外！孃孃因公出差来成都，办完事后特地来看我，她带我去到不远处青石桥的一家小饭馆，炒菜要汤，让我海吃了一顿，尤其那碟凉拌兔丁，仿佛是我吃到过的最美味的佳肴，至今记忆犹新。饭后孃孃送我回家，临走时还塞给我了五毛钱。一份凉拌兔丁加五毛钱,对别人恐怕微不足道。对我却非同寻常,在那个清贫的岁月,在我渴望得到关爱和亲情的年纪里,绵阳孃孃的不期而至就像一袭和煦的春风温暖着我年少的心怀。

我和弟弟儿时最得意的玩具是一对木质宝剑,银灰色的剑锋,剑把饰有流苏,鞘身雕有花纹,我的那把是天蓝色,弟弟的是油绿色,精致而飘逸,被我们视为至宝。这对宝剑是绵阳孃孃和叔叔(姨父)结婚时送给我们兄弟俩的礼物。

那年孃孃和叔叔旅行结婚来成都,住在我家。我还记得父亲将唯一的那间十余方平方米的住房让给了这对新人,准确说不是整间房,而是房中那张曾经是母亲嫁妆的楠木雕花床,我和弟弟仍睡在房间里的另一张床上,父亲则暂时去同事家打挤了。第二天,孃孃、叔叔带我们兄弟俩逛春熙路,在中山广场对面的一家玩具店里,为我们买下了这对漂亮的宝剑。当我和弟弟从柜台上接过宝剑,便按捺不住地剑锋出鞘,在大街上对舞起来,那高兴劲儿引来了一大堆人围观。在我儿时的记忆中,似乎从来就不曾拥有过严格意义上的"玩具",即使有过的,也只是自制的"土枪土炮",自那天起我们才算有了属于自己真资格的玩具,太阔气了!能不让我们兴奋而铭记一辈子?

十六岁那年,我去到数千里之外的云南边疆当知青,知青生活很重要的一个内容就是与异地亲友的书信往来,既是信息的沟通,更是情感的交流。我与两位孃孃的书信往来最为频繁,因为有一种信任和一份温馨,让我对她们无话不谈,随时随地都会有一种倾诉的冲动。在当时,书信的一次往返大约需要半个月,我会掰着指头计算着时日:又该接到孃孃的回信了!的确,我的去信,孃孃们是必回的,即便忙不过来也会委托叔叔(姑父、姨父)给我及时回复。当知青的岁月中,甚至上大学的数年里,是他们的书信伴随着我的成长,给予我极大的精神支撑。知青生活很清苦,有限的物质供给还会因自己的缺乏打理而捉襟见肘、青黄不接。每逢此境，我首先便想到孃孃，只要发出"救援"的信息，总是有求必应：一件毛衣、一双球鞋、五斤全国粮票……杯水车薪，却贵如金玉，让我感受到浓浓的亲情。其实，在当时的境况中，孃孃们也有一家老小，并不富裕，我无所顾忌的求援，实在无异于扒她们身上的衣、抢他们口中的粮，但她们总是给予我无私的帮助，何曾道出过半个"难"字？

光阴似箭、日月如梭，广元孃孃和叔叔临近退休之年迁回了成都，却又于数年之间相继病故，永远离我们而去；绵阳孃孃叔叔以及父亲和继母也都到了垂暮之年，与我们相处的时日屈指可数，这个曾经让我们快乐并痛着的"家"还能维持到几时？想到这些，总不禁黯然……

1986

家院小景
巴中恩阳镇

做腌萝卜干

成都水井街

洗被褥
成都三洞桥

泡菜坛
成都黄瓦街

1984

1990

老家什
乐山沙湾镇

1992

家务事
宜宾冠英街

1993

晒太阳
成都小天竺

对饮

宜宾珙县

1991

成都　午饭　成都　早茶　　1
都　锣　　都　锦　　0
锣　锅　　锦　官　　1
锅　巷　　官　驿
巷　　　　驿

生火炉

成都小淳坝

1993

1991

街灶

广元青川县

赶
场

二十世纪六十年代后期，我刚十三岁那年，继母带我去乡下赶场，为正在坐月子的姑妈购买鸡禽肉蛋类的营养补品。时值"文革"运动，"斗私批修"、"割资本主义尾巴"的战斗如火如荼，自发的农贸集市也被定性为"自由市场"，属取缔之列。但老百姓总得过日子，按计划配给的油盐柴米很难满足日常之需；更何况那种有着数千年历史的传统贸易方式早就融入老百姓的日常生活，要彻底改变它绝非易事。场还是要赶的，生活也要继续。谁都知道，自由贸易毕竟有违"文革"运动的宗旨，所以上集市卖东西和买东西都有点像做贼一样，生怕被当做资产阶级的典型给人民群众专了政去。虽如此，在我这个都市少年眼中乡村集市还是挺新鲜的：从来没有见过那么多头缠白帕、脚蹬草鞋的农夫，扯起嗓子笑骂吆喝；从来没有见过那么多背着背篼的婆婆大娘和拖起乌黑大辫子、挽着提篮的幺姑儿们，在如蚁的人堆中穿进挤出……继母在前面走着，时不时于神色慌张的讨价还价中，将成交了的禽蛋塞入我手中的塑料网袋。我还记得那时的鸡蛋可要光鲜得多，绝对生态喂养正宗土鸡所生，才六分钱一枚。在转悠了一整个上午，我手中的网袋逐渐膨胀，越来越沉之后，继母和我正为今天的收获而由衷庆幸，心里也升起一种"凯旋"之感时，忽听有人大喊："纠察队来了"！人群开始骚动，刹那间哭喊叫骂声，猪嘶鸡啼声，扁担、箩筐断裂声……混杂一片，有天崩地塌之势。可怜忙着躲闪的我也弄得鸡飞蛋打，险些被拴进纠察队的办公室，还是继母以泼妇似的力争，才将我从皮绳下抢救出来。

在那个特定的年代里，我也算有了第一次"赶场"的经历。

据有关资料记载，中国最早的集市大约出现于商周时期。那时的集市处于贸易的初级阶段，规模较小，一般都是临时择一块方便之地（交通道口、水陆码头等）进行货物交易，所谓"日中而市"，多半是在午时前后，后来也有早晚交易的，完毕后各自散去，场所无固定设施，时间规律性也不够强，被称为"草市"。隋唐之际，四川地区这类草市非常兴旺，成为当时广大农村的商贸集散中心。草市在发展过程中为了方便买卖，一些永久性固定的服务设施应运而生，如商铺、饭馆、茶摊、客栈、娱乐场所……逐渐形成规模，并有了约定俗成的逢集时间和划分出不同类别的专业市场。这类集市被四川人习惯性地统称为"场"，比如成都附近的石羊场、白家场、琉璃场等；去场上卖东西或买东西，甚至不卖也不买只是闲逛、玩乐、喝酒、吃茶、瞧热闹……就叫做"赶场"。千百年来，赶场已经成了四川人尤其是广大农村老百姓物质生活与精神生活的重要组成部分。

"场"作为最基本的集市商贸单位，也是城市的胚胎和雏形。历史上四川地区的城镇化大都经历过由场而镇、由镇而县、由县而市……不断发展壮大的过程。据粗略统计，四川的"场"总不下四五千个，尤其在人口密集的成都平原，可说是"三里一场，五里一集"。这许许多多场的出现，当然得益于"天府之国"优越的自然环境和丰饶的物产。农民地里的菜蔬、圈里的猪羊，除满足基本的享用，将多余的拿去场上出售，然后又购回烟酒油盐等其他生活的必需。这种传统的交易方式，在巴蜀大地历数千年而不变，至少我们从汉代武阳（现在四川彭山县江口镇）一个叫王褒的写的《僮约》中，读到过"牵犬贩鹅，武阳买茶"的记载。因此，赶场做买卖虽然早已不是以物易物的简单交换，但顶多算得上初级的商品贸易形式。说它"初级"，更因为这些售物者多属自产自销，并非出于资本的积累，仅仅是换取生存的必需而已，所以它还带着强烈的农耕文明的色彩。唯其这色彩，至使"赶场"传承为一种特定的地方文化现象，散发出浓郁的巴蜀大地泥土的芬芳，并一直延续到今天。

赶场都有较固定的场期，其疏密视当地的经济状况而定。一般讲，发达地区逢场日的间隔较密，有逢单日、逢双日的，有逢一、四、七或三、六、九的……有的甚至天天赶场，称为逢"百日场"；贫困地区则十天半月逢一次场，甚至有的长至一月才逢场，出产与需求成正比。在富饶的川西平原邻近的几个场总要尽量将场期错开，以便人们今天赶这场，明天还能赶那场。如双流县的黄龙溪逢双赶场，距它仅三里之遥的毛家渡则逢单，那位摆地摊代人书写信件状纸神符的李大爷，便可天天往返于黄龙溪和毛家渡之间，生意好得不得了。

赶场的时间大多从早晨一直到午后，下午两三点钟便已散尽了。隆昌县境的云顶寨，则有凌晨赶场的旧俗。据说这种延续至今趁天亮前赶场的习惯，是为了早些回家吃早饭，而不至耽误白日的农活。是时，四野的乡民于黑幕之下，打着灯笼火把，肩挑背负，来到云顶寨不足百米的石板街上进行交易；当日出东山时交易完毕，赶场的人们也蒸发似的消遁于无形，真有些神出鬼没的感觉，故当地人又将它称作赶"强盗场"（也有称"鬼场"的）。为了亲身体验赶"强盗场"的神秘过程，我曾携同友人，于头天夜里（过去逢三、六、十，现改为三、六、九）

入住了云顶寨的"梁家小店"茶旅社。可惜因为来时路途的过于劳顿，我们一觉睡到了大天亮，等我们忙乱中拎起相机撺上街去，空空荡荡的街面上只剩下了"一地鸡毛"。

赶场的内容可谓丰富多彩，生意买卖自然是重点。场镇上一般都是以街代市，临街的各类小店铺和街沿上的地摊儿杂错相拥，各臻其能。为便于交易，稍大一点的场镇还要划定区域作为各种专门集市，如米市、菜市、油市、猪市、牛市、鸡鸭市、鱼市、炭市、竹木市……多的竟达二三十个。一到赶场天，商贩云集，乡民汇聚；市场上人头攒动，讨价还价声此起彼伏，夹杂着不绝于耳的牲口嘶鸣，热闹非常。买卖做完后，茶馆肯定是要泡的。哪一个场镇没有三五家茶铺子？赶场天的茶铺，人声鼎沸，弥漫着刺鼻的叶子烟味。乡民们吃茶会友，摆龙门阵交流农事、互传信息。近晌午时，在茶铺中灌满了茶汤的人们，又三五相约走进饭馆，要来豆腐干、花生米和猪脑壳肉……再灌它几大杯当地自酿的跟斗儿酒（高粱酒），然后才二麻麻地、自言自语着、偏偏倒倒地撞回家去！

其实赶场并不一定非要干啥具体的事务，除了吃茶喝酒外，还有那么多诸如看戏听书瞅录像、转糖饼儿斗鸡公划甘蔗等等有趣又好耍的事情；再不，看看热闹也怪引人入胜的。尤其对于小孩子来说，赶场无异于走进了天堂。

有一年，跟随父母回崇庆县农村老家过春节，长辈们平日都忙于走人户的应酬之中，无暇顾及我这个凑不上趣的小人儿。这正好给了我清闲，乐得邀约些小伙伴，三里五里的去附近集镇上赶场。大约当年我与许多同龄人所共有的人生理想，是长大后做一名光荣的解放军战士，所以赶场时最能吸引我的莫过于气枪打靶。那时打靶摊上的靶牌都是用木片做成的各种动物，排排坐似的踞蹲于十米开外的靶架之上；"子弹"则是可反复使用的坠有彩色棉线的小铁钉。规矩为一毛钱十发，如若十发均能将动物们打倒，可获得相同数量"子弹"的奖励；再打倒，再奖励，以至无穷。在经过气枪的试用和对"子弹"的严格挑选后，我便很快达到了弹无虚发、指谁打谁的境界；眼看着一毛钱就可能玩上它一整天，靶摊老板终于喊黄，立马变规矩为只给予一次性奖励。虽然这让我多了些破费，但心里的那种满足感到了今天还难以忘怀！

　……………

　　过去的小人儿都一个个长大了，乡坝头的场还在一次次地赶着。

　　我们生活的这座城市，曾经稍一抬脚，便可踩在田坎上，要想下农村赶场是稀松平常的事情。如今城市规模的无限扩展，城市人口急剧膨胀，激烈的生存竞争，冷漠的人情世故，让我们的视野局限于畸变的物质与精神需求上，生活圈子越缩越小，城市更活像一座漂浮在汪洋上的钢筋水泥浇铸的孤岛。

　　赶场，似乎已成为都市人遥不可及的一种奢求。

　　前不久，我的家从闹市搬到了郊外，从我家的阳台可以隐约望见些明丽的田畴，春风里还能嗅着阵阵油菜花的清香。每遇节假日的清晨，睡眼蒙眬中便已忖度着今日逢双还是逢单，是赶寿安镇呢？还是赶踏水乡？

露天股市
成都花園路

111

肆

赶早集

达州平昌

1992

1996

鸟市
成都草堂路

卖锅盖

蒲江西来镇

1997

1995

铁匠铺
隆昌云顶寨

1990

凉水摊
泸州尧坝镇

1998

1996

竹器摊
成都黄龙溪

1987

1992

铁
器
摊

邛
崃
夹
关
镇

书画摊
大邑三郎镇

1990

1994

旧
书
铺

邛
崃
平
乐
镇

卖竹刷把
成都龙泉驿

1989

1993

卖钱纸
成都金子街

小吃摊
成都黄龙溪

1986

1989

肆

白面锅魁
成都五桂桥

1988

130

1997

蒸
蒸糕
糕

成
都
和
尚
街

　　我的姓名"陈锦"中原本没有这个"锦"字。一次整理家庭老照片发现儿时的"满百日照"，照片背面母亲用娟秀的小楷书写的祝词，称我为"世雄儿"，原来在陈姓家族中我正当"世"字辈，出生时长辈们沿用古制为我取名为"陈世雄"。大约父母当年也算是新一代的知识青年，不能忍耐古制的束缚，很快就为我更名，用一个"锦"字替代了"世雄"。过后，我没有向父亲求证过有关"更名"的真实想法，私下估摸这个"锦"字或许与我出生的城市有关，因为成都市，历史上被称作"锦官城"或"锦城"，我的姓名仿佛抹上了很浓重的地域文化色彩。

　　"锦"是一种用天然蚕丝经染色后制成的丝织品。从"衣锦还乡""锦衣玉食""锦绣前程"等成语中不难看出，"锦"应是一种贵重稀有之物。早在远古时四川就盛产蚕丝，据说四川的别称"蜀"便是与蚕有关。《说文解字》中认为"蜀"为"葵中桑"，《释文》和《玉篇》将"蜀"定义为"桑中虫"，即蚕虫。上古时蜀地有一位帝王叫蚕丛，古蜀国又称作蚕丛国。甚至清代《荣县志》干脆推断："蚕以蜀为盛，故蜀曰蚕丛，蜀亦蚕也。"《华阳国志》也曾描述，当年各路诸侯去浙江会稽朝拜夏禹王，巴蜀的首领送上的礼物就有蚕丝制品，在当时是独一无二的，很得夏禹王的赏识。可见，种桑养蚕、缫丝织锦很早就成为四川人重要的生产、生活方式。及至汉代，以成都为中心的丝织业迅猛发展，设"锦官"以规范蜀锦的生产和销售，这时的蜀锦无论从数量上还是质量上，在全国名列前茅。三国时皇叔刘备攻取西川后，将掳获来的大批蜀锦用作犒劳文臣武将，仅诸葛亮、关羽、张飞等功臣便各得蜀锦上千匹；在诸葛亮治蜀谋业期间又承袭汉时"锦官"之制，努力发展丝织业，用蜀锦与魏、吴等国换取银两，解决了"七擒孟获""六出祁山"等著名战事所需的大量军备开支（"今民贫国虚，决敌之资，惟仰锦耳！"）。唐代诗人杜甫有诗云："丞相祠堂何处寻？锦官城外柏森森"，既表达了诸葛武侯与"锦官城"的关联，又隐约道出唐时蜀锦在社会经济生活中的重要性。据说唐宋两代蜀锦均占据着全国丝织行业生产与消费的主导地位，成都作为"锦城"的名声也远播海内外了。

以上关于蜀锦的追述，旨在说明我所生活的这座古老的城市很早就发展起了以织锦为代表的先进、发达的手工业。

一座城市的诞生不外乎因了政治的需要、军事的需要、经济的需要，或三者兼而有之。成都已经有两千多年的建城史，它的出现和发展与都江堰水利工程的开凿，川西平原"水旱从人"，自然经济兴旺发达分不开。也就是说，成都这座城市是自然经济的产物，其命脉植根于川西平原深厚的黑色沃土之中，具有极其鲜明的农耕文明的色彩。不过，自然环境决定了人的生存方式，也制约着人的行为和意识。从历史上看，川西平原的农业从来就不是"大农业"，而是分散的、以单家独户为单位的小农业，精耕细作、自给自足是其主要的经济特征，这一特征决定了人们遵循"小富即安"的生存理念，从生产、生活到意识形态的各个领域，无不烙上了小农经济的印迹，因此，随着缓慢的城镇化的进程，乡下人变成了城里人，那种根深蒂固的小农意识和小农经济的运作方式仍如影随形。有人曾形容过去的成都就像是一个大乡场，无论怎样发展总是摆脱不掉浑身的泥土气。因为这座城市的人口大量是从农村过来、"红苕屎都没有拉干净"的小商小贩、小手工业者们，这些小业主所依附和服务的对象大多不是什么揽金囤银的高官巨贾，而是同他们一般的细民百姓。相同的生存理念和行为模式，制约着他们的经济水平，决定了他们的消费需求，为这座极其平民化的城市涂抹上一层温润、混沌、朴拙还有点慵懒的色调。人们普遍认为，居家度日需要的就是实惠和舒适，还有什么比吃饱穿暖更要紧的事情呢？相对封闭的地理环境滋养了成都人乐天知足的脾性，千百年来，他们通过各种小营生追求有滋有味的小日子的生活方式从来就不曾改变过，也不打算改变。过去常说旧成都是一座典型的"消费"城市，按我的理解除去极少数的，比如还算拿得出手的蜀锦等，勉强进入了全国范围的商品流通外，恐怕大多其他的产出只是为了"自给自足"。至二十世纪四十年代中期，整个成都市还只有"两根半烟囱"，其中除去火电厂一根，半歇业的染布厂只能算半根，而枪械厂的那一根还是因为抗战从敌占区迁来的。那时"烟囱"是工业化的标志和文明进步的象征，如此状况，可窥其旧成都"消费"水准之一斑。虽然成都人从来就具有包容胸怀，对社会进步也有着热切向往，但根深蒂固的小农意识（或称"盆地意识"）又让他们对新的生活方式、价值观采取将信将疑的态度，那种宁信手工而排斥工业文明的心理源远流长，致使旧时成都各手工行当的兴盛，也造就出一大批能工巧匠和精湛的手工艺类型。

譬如，历史上以锦绣著称的"蜀绣"，是运用独特的绣技将彩色蚕丝在软缎上刺绣而成的挑花绣品。它严谨细致、平齐光亮、车拧到家的传统针法，淡雅清新的色调，优美流畅的线条和丰富多样的题材，形成了鲜明的地方特色，与江苏的"苏绣"、湖南的"湘绣"、广东的"粤绣"并列为中国"四大名绣"。早在东晋时，蜀绣便被誉为"蜀中之宝"，在民间极为普及，并逐渐从家庭手工衍变发展为生意行当，以满足日益扩大的市场需求。据史料记载，清代道光年间，仅成都的九龙巷、科甲巷数百米长的街道两旁，就出现了近百家蜀绣作坊。而市井间里以刺绣为副业的人更数以万计。蜀绣，作为极具地方特色的手工艺精品，其声名早已蜚声遐迩了。记得那年做西南丝绸之路的拍摄采访时，在云南楚雄一位退休官员家中，见过一幅年代久远的《福寿无极》传统蜀绣中堂画，绣品中表现出来的以线代墨、运针如笔、绣画合一的艺术风格，令我们叹为观止。它让我想到，唐代时南诏国与长安中央政权交恶，曾挥师入川兵临成都城下，退师时掳掠大批蜀中工匠返乡。此举将当时还算先进的包括刺绣在内的手工技艺带往边地，客观上促进了内地与边疆经济、文化的交流。我在楚雄见到的传统蜀绣，真没准儿就是当年南下的成都蜀绣艺人的作品。

除去织锦、刺绣这类历史悠久、技艺高超、特色鲜明的手工行当之外，与传统成都人居家生活息息相关的各类生意行数不胜数。作为农耕社会的文化沉积，这些古老的营生手段以"三百六十行"统而概之，诸如商、匠、医、卜、卒、伕、武、伶、娼、丐、贼等，林林总总、形形色色，构成了一个名副其实的市井"万花筒"。

过去，普通老百姓的生活多清贫拮据，过日子讲究个节俭，家中生活用品日久必损，但不会轻易丢弃，能用则将就用，不能用也要修补再用。比如穿衣服，是"新一年，旧一年，缝缝补补又一年"，谁人从小到大没有穿过补疤的衣裤呢？我们儿时都很淘气，身上衣裤最易破损总在手肘、膝头和臀部等部位，一件新衣不到半年就补上疤了，尤其是屁股上的那两块圆形的大补丁，人称"贴唱片"，是继母熬更守夜花了不少工夫给缝补上的。生活的需求成为市井生意行当的催生剂，以"修补"为业的手艺人非常受老百姓的欢迎。有补衣修鞋的、补锅补碗的、修桌椅板凳的、捡瓦补漏的、修钟表的、补凉席的，数不胜数。每一行都有自己标志性的行头和特殊的招揽生意的吆喝声，比如补锅匠，手上拿着一串用数块铁片连成的响器，边走边甩动铁片发出"刷…刷…刷"的金属碰撞声，大老远一听就知道是补锅的来了。回想起来，清贫的生活虽然困窘，却可以培养人的许多可贵的品行情操。一如"珍惜"和"节约"，谁说不是人类的一种伟大的操守呢？日子来得不容易才会用心好好过；花费极大的气力才能获得的东西，总不会轻易地抛弃。那首被收入了小学教科书、脍炙人口的唐诗："锄禾日当午，汗滴禾下土；谁知盘中餐，粒粒皆辛苦"，不正是对这种伟大情操最生动的描述吗？

在众多的生意行当中，有"一技之长"的手艺人，收入及社会地位相对稳定，生存风险系数较小，自然是最受欢迎的职业。我儿时的记忆里，那些踞地设摊或走街串巷的剃头匠不失为成都市井的一道普遍而扎眼的风景，因为成都人的生活中都离不开这样一群可以随时打理你那"三千烦恼丝"的手艺人。当然，与全国其他地区一样，剃发这一行当并非"古已有之"。按中国传统古训："身体发肤，受之父母，不可毁伤"，先秦至明朝，无论男女，头发都是不能轻易剃的。及至满人入关推翻明王朝后，为了彰显满族文化及巩固其统治地位，1645年8月，清朝顺治皇帝发布了一条剃发上谕，令天下男人剃去前半部头发，后半部垂辫，实行"留头不留发，留发不留头"的强硬政策。最初汉人无法接受这一背离古训的行为，采取各种方式抗拒或躲避，甚至更有人宁肯丢了性命也不愿屈从，以示自己保持汉节的决心，于是才有了历史上惨烈的"扬州十日""嘉定三屠"等事件的发生。清王朝为了推行剃发谕令，让清兵在路口关隘搭棚设摊，竖起"剃发皇令"的旗杆，见蓄发未剃的男人便不由分说地抓将过来剃发束辫，敢违抗者砍头示众。这剃发不剃发，俨然成为是否臣服于满清王朝的标志。高压之下，国民们也逐渐习惯成自然，到后来剃发成为生活的必需，不剃反而不成体统了。有需求便形成了市场，催生出一个以"剃发"为业新兴的手艺行当，很快在各地普及开来。

成都人管剃发叫"剃头"或"剃脑壳"，从事剃发行当的人被称为"剃头匠"。剃头的经营方式有两种：一种是有固定店铺，设备齐全，卫生条件及服务舒适度相对较好，收费自然也贵一些。据有关史料记载：宣统年间，成都有剃头铺六百一十九家，剃发收三十至四十文，梳辫二十至三十文。剃头虽不是生活中的头等大事，但却是承天见日的面子活路，对于比较讲究一点的顾客，总是会选择去熟悉的剃头铺剃头。另一种方式就是流动在街坊间里的剃头挑子，挑子的一头是存放剃头家什兼座椅的小木柜，另一头则是烧水洗头刮须用的小泥炉子，所谓"剃头挑子一头热"，就是对这种经营方式的真实描述。显然，剃头挑子的条件相对简陋一些，价格也便宜，人们为图方便和省钱，将就着打理自家的脑壳也是常情。

我儿时认识的剃头匠李老汉儿，在南府街口与盐道街的衔接处摆起了一个介乎店铺与挑子之间的剃头摊子。每日天刚亮，李老汉儿就拉着堆满剃头家什的架架车（一种两轮的人力板车）来到了街口，将一面擦洗得锃亮的长镜子挂在墙上，两只竹竿撑起白色的大布棚，用来遮阳避雨，木质的剃头椅很宽大，带扶手，靠背可以放下来，躺在上面享受修面刮须非常舒服。李老汉儿待人和气诚恳，剃头手艺一流，来往过客和周围的街坊邻居都愿意照顾他的生意。在那个清贫的年代里，中老年人爱刮光光头，图个收拾起来方便，又省钱，只需一毛五分；年轻人赶时髦，理一个"中分"或"吹拿波"，得花两毛到三毛钱；小娃儿则一律剃成小平头（北方称"板儿寸"），看上去精神像学生，一毛钱足矣。经常还有剃头赊账的，一般都是熟人。为了避免搞忘，李老汉儿就用粉笔在镜子旁的墙面上画着"正"字，记录每月的赊欠数目，还来一笔擦去一笔，但似乎永远也擦不干净，因为总是有不断还与不断赊的，日子一长谁是谁都记不清楚了。我家与剃头摊子只有一墙之隔，自然也成了李老头儿的"老顾客"。虽然儿时调皮捣蛋，常率领一群小泼皮搞恶作剧，排着队去摸剃头椅上正在修面刮须的光光头，招惹得李老头儿生气骂街，但当我们作为顾客坐上剃头椅的时候，李老头儿还是那么和蔼可亲、一丝不苟。有一次学校少先队搞活动，老师要求同学们着装和发型统一，而我的头发太长太乱必须打理，兜里无钱，正巧父亲出差，继母在工厂三班倒不能回家，为了修理头发只好壮着胆子去摊子上请求赊账，李老汉儿知晓原委后二话没说，马上帮我剃了头，且免费，最后拍拍我的后脑勺说："去吧！谁又没有个犯急为难的时候呢？"

其实，"剃头"在过去属于"下九流"的行当，剃头匠更是生活在社会底层被所谓的上流人等瞧不起的。无论如何，"剃头"毕竟还是一种手艺，是需要学习和长期历练才能精进纯熟的一门技术。但"三百六十行"中，仍有许多谈不上多少技艺、主要以卖苦力挣饭钱的行当，从事这些行当的人只能够靠自己起早摸黑的辛勤劳作在人世间觅得生存之机。

过去，成都有一种专门给各家各户提供饮用水的担水人。在没有自来水的年月里，城市中的井水含碱量高，做洗涮尚可而不宜饮用，稍讲究一点的人家吃的都是流动着的锦江河中的水，于是城里便有了一个以卖河中水为业的担水行当。距河岸不远的地方，担水人挑着两只盛有百来斤河水的大木桶沿街叫卖；距河岸较远的中心城区，担水人则将大木桶放在架架车上拉着卖。据说清末民初时，这支卖水大军有千人之多。在我记事的上世纪五六十年代，城里虽然有了自来水，但除了机关、工矿、学校等国营机构里接进了自来水，大多数居民院落和家中是没有能力接进自来水的，往往一条街道，甚至几条街道才会有一只共用的水龙头。那时我居住的盐道街在街的中段设有一只水龙头，街道办委派了一名姓王的"五保户"老太婆代管，每日早、中、晚三个时段开闸卖水，两分钱一担，家有劳力的可以自己排队担水，若没有劳力或工作忙而顾不过来的家庭，还得靠职业的担水人帮忙解决。这时担水卖水作为一个行当已经日薄西山，从业人数锐减。待不久后自来水接进了大多数居民院落甚至家中，这一古老的行当便永远消失，仅保留于人们的记忆中了。

不知从何时开始，成都城里的居民们烧水煮饭用上了蜂窝煤，于是便有了一个专门打造蜂窝煤的行当。最初完全用手工打煤，后来有了自动化的机器煤，但人们还是认为手工煤好，扎实耐烧，所以手工打煤这一行当相当普及，无论走到哪条街道，都能听见叮咚叮咚的打煤声。在我们盐道街上也有一家打手工煤的作坊。这是一间进深很长没有窗户的房子，一头临街另一头靠院，可两头进出，光线及空气流通都是来自两头。房子里从头至尾排开来十余个齐腰深的土坑，土坑下有一只脚踏板，顶着一个成型蜂窝煤的铁铸容器，工人就站在土坑中往容器里添加黄泥浆水拌和了的湿煤渣，然后盖上，用铁锤击打紧压，揭开来再添些煤渣，又击打，反复两次添煤击打后，揭去盖子，用脚一踩踏板，一只成型的蜂窝煤便从容器中托出。别看打造蜂窝煤是一个简单的机械重复的体力劳动，这蜂窝煤好烧不好烧全出自手上工夫，松了不耐烧，太紧也不好，做到松紧合度就是工人们从长期的实践中凭感觉总结出来的一项技术。

我小学时一名同学的母亲就是盐道街这家作坊的打煤工。同学的父亲因病早逝，他是老大，上有七十开外的婆婆，下有咿呀学语的弟妹，全家五口人全靠母亲打煤所得维持生计。那时蜂窝煤一块卖价五分钱，工人抽工钱一分，起早摸黑一天下来也就能打一二百只，一月的收入管全家人不饿肚子就阿弥陀佛了！记得该同学每天中午下课后，急忙赶回家中为母亲做饭，然后送到打煤作坊的土坑旁，与母亲共进午餐。所谓午餐，不过是两碗红苕大米饭，就着廉价酱油泡起的几根大葱头咽下肚子，然后母亲接着打煤，同学继续回学校上课。该同学的家境确系贫困窘迫，也因此在其幼小的心灵间投下一道难以言表的阴影。平时班上从老师到同学会给他一些照顾，比如辅导帮助他尽快完成作业，让他有更多工夫做好家务，到了期末，老师自己掏腰包买来学习用具以奖励的方式送给他，为减轻其家庭的费用开支。当然，由于年少，同学之间有时难免会因一些鸡毛蒜皮的小事拌嘴甚至打架葛孽，个别不懂事的孩子凭借一时情绪对其贫困家境冷嘲热讽，极大地触动着该同学的自卑心理，每每遇上此事，看见他噙满泪水的眼眶和牙关紧咬的嘴唇，我都会感觉到一阵强烈的心悸。其实该同学是一个心地善良、热情大方、助人为乐的人。班上有些弱小的孩子受到高年级同学欺负的时候，他都会不计得失仗义相助，哪怕是头破血流也决不退缩，因此同学们送给他一个"大侠"的雅号。"文革"那些年，人们的生活必需品都是计划供应，蜂窝煤更不例外，按人头凭号票定量购买。同学的母亲干打蜂窝煤的工作，虽然不能随意赠送，但在保证煤的质量和购买先后上（当时供煤紧张，买蜂窝煤是要排队等候的）还是可以给予相当的关照。我家买蜂窝煤的事是包在我身上的。每次买煤，该同学带我直接去到打煤作坊，守在他母亲工作的土坑旁，打成一只搬走一只，方便快捷。最后还帮忙借来架架车将煤送至我家中。当然，学校里受到关照的不止我一人，只要有需求，他总是有求必应。在班上我与该同学一直是要好的朋友，常常陪着他一道为母亲送饭，闲暇时也爱蹲在土坑旁看他母亲打煤，或帮助拌和煤渣什么的。交往中我感觉到同学对母亲的辛劳报以深厚的感激之情，却又于不经意时流露出对打煤行当的不屑。他曾私下信誓旦旦地对我说，等长大后一定要找一份比打煤更体面、挣钱更多的工作。从小学到初中都和该同学在一个班级。中学毕业后上山下乡我远赴云南，他也去了旺苍，天各一方，从此没有了联系。后来我从云南回成都探家，也曾试图寻找那间留下过我的孩童记忆的打煤作坊，由于城市改造，许多老街坊都迁往别处，作坊没有了，原址上盖起了一座漂亮的公共厕所。城里居民烧水煮饭也逐渐以天然气和电取代了蜂窝煤，手工打蜂窝煤作为一个行当早已消失。

不知同学的母亲不打煤后又做什么？想必同学也实现了工作与人生的梦想！

1996

卖蜂窝煤
成都大同巷

剃头铺
成都草市街

1994

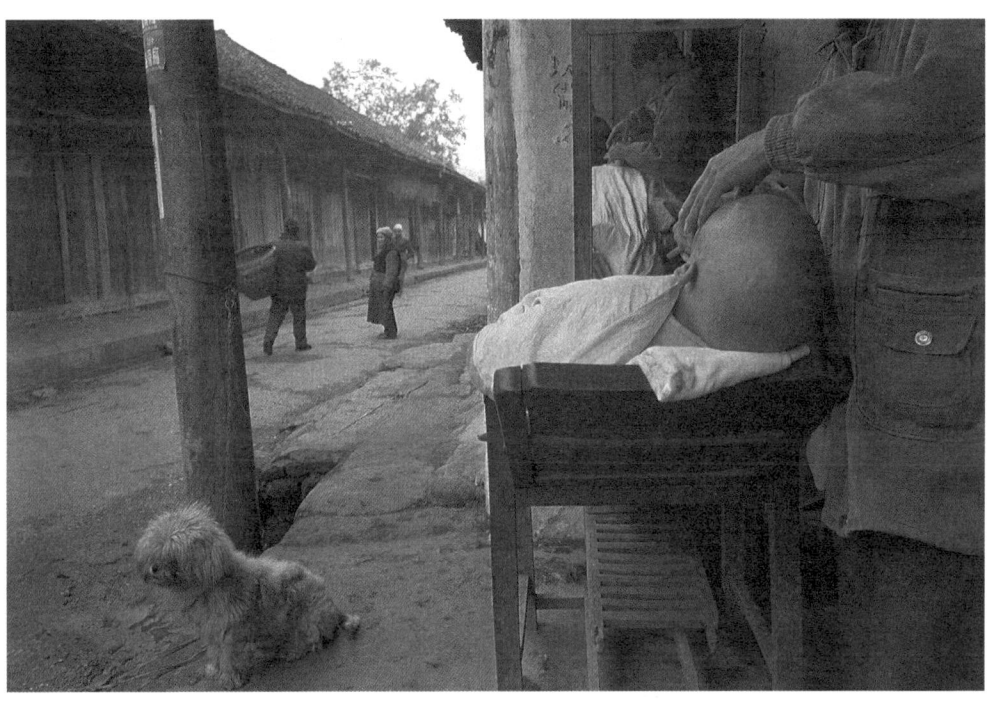

1987

剃 头 铺

成 都 踏 水 镇

1
4
7

布　成
鞋　都
铺　龙
　　泉
　　驿

1989

1988

绵竹金花镇

民间年画

1990

民间年画
成都黄龙溪

1996

补锅匠
成都九眼桥

1988

1993

人力三轮车
成都黄龙溪

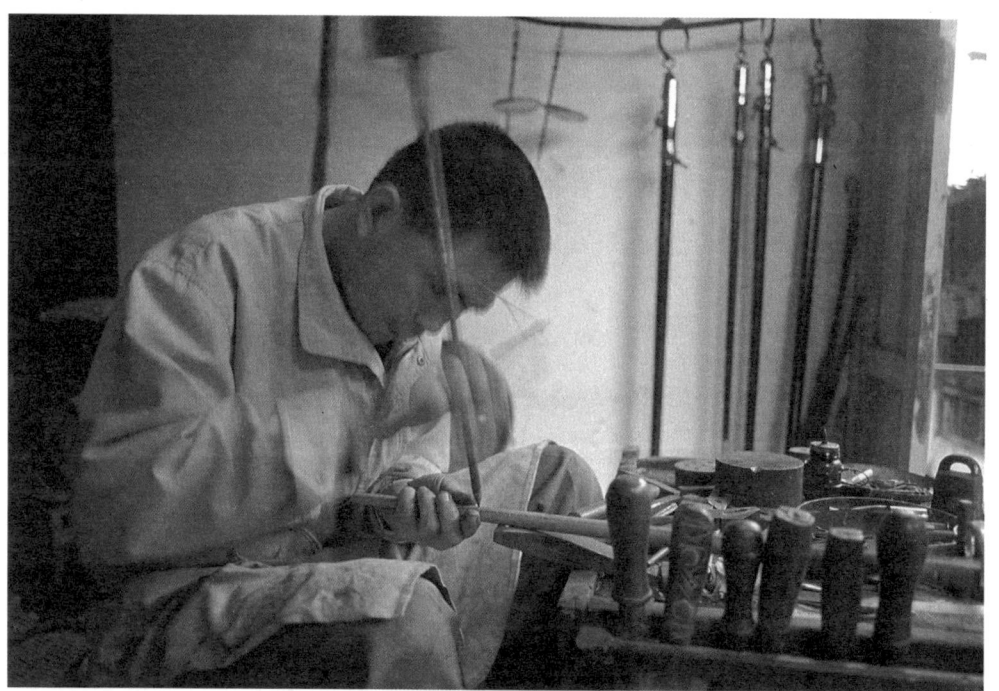

做秤
青神汉阳镇

1987

1987

刻碑
青神汉阳镇

伍

街坊　1996
成都庆云街

1
5
8

1997

市民玩

广汉房湖公园每年正月十六举办"拉保保"民俗活动，该活动始于何时，我未作考证，如今是一年比一年更热闹。记得多年前我和一帮搞摄影的朋友前往采风，朋友中贾跃红高大健壮、相貌堂堂，又身穿一件当时被视为时髦、富有象征的皮夹克外套，跑得脱？终还是被一帮更加高大健壮的汉子拉作"保保"了。

四川民间历来就有"认保保"的传统。所谓"认保保"，又称为认保爷、认干爹干妈，即是将自己的儿女承寄他人认作干亲，以求小孩子消灾除祸、吉祥万福、健康成长。认保保的方式是多种多样的，找命属与之相生的亲戚朋友，认作保保以求平安；认人丁兴旺家庭的亲戚朋友为保保，托其庇荫；邻里相好，子女们互认对方家长为保保，以期友谊世代相传；为求富贵而认权势者作保保，亦大有人在；甚至认为叫花子（乞丐）命最大，八字最硬，将子女拜其名下求得平安健康……双流县中和镇凉水村有一株长势旺盛的百年黄桷树，在素有大树崇拜遗风的当地人眼里被视为"灵物"，终年焚香挂红顶礼膜拜之，人们将老树的树皮剥下或将裸露于地面的树根切下来泡酒喝，说是可以治病，方圆数十里地界内的不少娃儿们还拜老树做了"干爹"，希望得到神的佑护。广汉房湖公园里也齐整整地长着十二株高大苍翠的古柏，据说它们代表十二属相，是兴旺、健康、长寿的象征。一年一度的拉保保活动在这里举行，当然也有领受古柏庇荫的意思。不过被认作"干爹"的不是这些古柏，而是来自四面八方的参加活动的人。这一天，做父母的领着儿女在亲友们的簇拥下来到房湖公园，从那些看热闹的人群中巡视挑选，一旦发现中意的对象，便由亲友们出面将其"捕获"，让对方戴上小孩的帽子，算是认作了"保保"，然后带走，互赠礼物，照合影相，一道吃饭喝茶，再互留地址。既然叫作"拉保保"，着重在一个"拉"字，对方往往是不相识之人，非用强而不能够达到目的。被相中的人，识趣者会乖乖就范，免遭"皮肉之苦"，而大多数却本能地要躲闪推诿，或拔脚出逃。但跑是跑不脱的，如今参加"拉"的人已经不限于亲朋好友，专门有一帮"雇佣军"，全是身强力壮的年轻人，死死地将你拽住，甚至举起来抬走，直到你认可方休。偌大的公园内追撵潮此起彼伏，哄笑声忽左忽右，拉人的、被拉的、看热闹的，数万人搅作了一堆，场面甚是壮观。这种情形下，只要你来到这里就等于参加了活动，认同了"游戏规则"，都可能成为"捕获"对象，因此，无论情愿不情愿，必须随时保持"游戏"的心态，当被相中并用强时是不能够动气"输不起"的。即便是被拉作了保保，出了公园门就算"游戏"结束，彼此一分手，很少有人会认真到底，大伙不就是来瞧热闹、来玩儿的么！

的确，"拉保保"是一项有着特定文化内涵的民俗活动，更是一场万民同乐的游戏。对于每一位参与者来说，不外乎就是一个"玩"字罢了。

荀况说："山民朴，市民玩，处也。"（《申鉴·时世》）这里的"玩"，当然不是用作动词来特指一种行为的，比如"玩耍""玩味""玩弄"等，而是用作对一种性情，或者一种处世态度的形容和描述，比如"玩笑""玩世不恭"等。荀况将山民的"朴"（朴质、纯真）与市民的"玩"相对应而言，并解释这两种迥然不同的东西是由不一样的环境及生存方式——"处"所决定的。

　　我们知道，最初的城市是因防御屯兵和买卖交易的需要而形成的。城市、城市，姑且理解为"城"为官，"市"为民，统治者的官与被统治者的民共同构成了"城市"。作为城市主体的市民阶层是商品经济发展的产物，具体地讲，他们都是一帮做生意或从事手工业生产，包括各类专业技艺，如医生、算卦相面者、江湖艺人等。所谓"市井"，原本专指做买卖的场所，逐渐延伸为用来称呼做买卖的人，甚至后来越来越多地指称生活在城市中的普通市民，历史上还管市民叫做"市井小民"。过去，中国的城市始终是作为封建政治机构的附庸而存在的，"重农抑商"从来就是封建制度的立国之本、建国之策，市民阶层一产生便成为封建势力压迫盘剥的对象，政治上是没有什么地位可言的。《史记·平准书》载："然市井之子孙，亦不得仕宦为吏。"即不允许市民阶层在政府机构任职做事，他们受歧视、遭排斥的生存状况可见一斑。千百年来，这种状况在封建统治下始终得不到改善，市民们也始终在为争取自身的地位和权利而进行不懈的努力。毕竟，市民阶层与封建制度有着千丝万缕的联系，它们既相互排斥，又相互依赖，为了生存和发展，市井中人不得不压抑自己而与权势者往来，在彼此争斗又彼此利用的境况下逐渐形成一种被扭曲了的，由嫉愤、渴慕、疑惑和无奈等情绪交合构成的混杂心态——"玩"，便是由此而生的种种市井心态中的一种。

　　从本质上讲，"玩"这个词包含了对传统规则的挑战，对现行制度的不恭，对实现自我价值、张扬个性的追求。因此，"玩"的心态有一种叛逆的色彩、不安分的色彩、轻慢和无所谓的色彩，仿佛人生不过是一场理想与现实之间的"游戏"而已。所以，市民的人生都是"玩"出来的人生，市井习俗就是玩出来的习俗。这种"玩"的心态和"玩"的习俗，一定是在特有的文化背景前，由特定的生存环境和生活方式所决定的。

成都曾经是一座建立在个体、分散的小农经济土壤上的平民城市，它远离权力中心，有着由小商小贩、小手工业者为主体的庞大的市民队伍，处处充满着浓厚的市井气息。这种市井气息所包含的"玩"的成分，无不体现于成都人市井生活的方方面面。换句话说，成都人的价值观，以及他们的处世态度和行为方式，始终离不开一个"玩"字。

成都人自来好耍，有"以游乐相尚"的传统，房湖公园内的"拉保保"就属于典型的民众游乐活动。宋代《岁华纪丽谱》中说："成都游赏之盛，甲于西蜀，盖地大物繁而俗好娱乐。""游赏"是一种玩法，它建立在"地大物繁"的自然经济基础之上。也就是说，历史上成都及其周边地区具有优越的自然条件：气候温和，土地肥沃，得都江堰灌溉之利，与土地贫瘠气候恶劣的北方相比，不需要付出太大的劳动强度便可获得丰饶的收成。并且，成都地区与外省的交通历来不便，"蜀道之难，难与上青天"，徒有丰饶的物产而不能与外界流通，仅用于自给，成都人便有了更多的物质本钱和充裕的时间本钱去追求享乐，使自己"玩"的欲望得到更大程度的满足。曾经有人统计过，成都一年中传统的游乐活动达二十余次之多，平均每月竟两次以上，什么游山、游江、游寺、游郊野，什么灯会、花会、赛歌会、龙舟会，是时弦管喧天，万人空巷——尽情地玩，变着方儿地玩，昏天黑地地玩！此风代代相袭，至今尤盛，并不断随时代而创造出越来越多新的"玩"法。

12月26日是伟人毛泽东的诞辰，每年的这一天，家住五福街的王安廷老人都要率同志们搞一次隆重的庆祝活动。活动中有毛主席纪念像章展，有"文革"时各类印刷品和政治色彩极浓厚的日常生活用具等收藏展，大家畅叙人生理想，跳"忠字舞"，深情地唱起了过去的那个年代的革命歌曲……在当今信息充盈、物欲膨胀的社会里，这种行为绝对显得极其的"另类"，具有强烈的感染力。参加活动的不仅有四五十岁以上的所谓"过来人"，而且有青年人和孩子们，连那些闻声而来的外国游客也会情不自禁地加入进来。组织者抑或参与者，为信仰也好，怀旧也罢，不过是一种寄托情感的方式，作为文化娱乐活动，我以为，本质上仍然是"玩"的市井心态的体现。

成都人特别"好吃"，成都的饮食特别好吃，以至于成都人不愿离开成都，离开了的想回来。"好吃"的前提当然是有得吃，在自然经济发达、出产丰饶的成都地区，成都人不仅有得吃，而且有工夫吃，在满足了基本的温饱后，即在解决了"吃什么"的基础之上，就可以用"玩"的心态在"怎么吃"上大做特做文章，创造出了色、香、味俱佳的"川菜"和丰富多样的"成都小吃"，因此，对于成都人以及整个四川人来说，吃就是玩，吃的文化就是玩出来的文化。

就拿位列中国四大菜系（鲁、苏、川、粤）之一的川菜来说，它有着悠久的历史和丰厚的文化底蕴，并综合吸收了南北菜肴之所长，在选料、调味和火候的把握上形成了一套完整独特的烹饪技艺，历经千年的发展，迄今已有三千多个品种和三百多道名菜，以其突出的个性化风味享誉海内外。川菜讲究色、香、味、形俱佳，尤其注重突出一个"味"字，从一般的家庭厨房到大小饭馆的灶台上，可以看到多达数十种的调味品，烹饪者好比是魔术师，巧妙地运用它们摆弄出丰富多彩的美味菜肴。所谓"五味调和百味出"，做到"一菜一格，百菜百味"。川菜就是以味多、味广、味厚、味浓见长，非常符合四川人"尚滋味""好辛香"的饮食传统。过去，人们在总结川菜的形成和它的特色时，更多强调了外部的因素，即得天独厚的自然资源和移民文化所提供的能够兼纳百家、博采众长的优越条件，而较少涉及特定的文化背景所造就的四川人特有的行为方式，以及他们冲淡随和的性情和逢事皆玩的市井心态，这些内在的因素，对于四川饮食文化的影响更是至关重要。

宋代的苏东坡是四川人，尽管曾经游宦于大江南北，却始终秉承着四川人特有的性情，无论顺境逆境，常以一颗"赏玩"之心应对多变的生活和多舛的命运，不仅会玩诗文、玩书画、玩琴瑟，而且还喜欢玩饮食，据传川菜名品"东坡肘子"便是出自他的创造，还总结出一套"慢着火，少著水，火候足时它自美"的烹饪经验之谈。又如近代成都的文学大家李劼人先生，被人誉之为"美食家"，不仅会吃懂吃，而且身体力行地开过一家名为"小雅"（取自《诗经·小雅》，有店小且雅的意思）的菜馆，亲自下厨做菜。他认为川菜中"繁复多变化的手法，不特西洋人莫名其妙，即中国人而无哲学科学头脑，以及无实地经验无熟练技巧者，也根本无法名其奥妙。"他是将做菜当成学问来研究了。据说劼人先生与其夫人自创的家常风味的菜品，如厚皮菜烧猪蹄、粉蒸苕菜、青笋烧鸡、夹江腐乳蒸鸡蛋、肚丝炒绿豆芽等，均是随时鲜蔬菜的变换而每周有所不同，让人感觉新意常在、不落俗套。当然，劼人先生的开菜馆确也有解决生计的初衷，毕竟是文化人，且是四川的文化人，在做菜卖菜的过程中找到了乐趣，大概也是可以满足自己对于人生的赏玩的心理吧！

说到四川的文化人，在对待人生的态度和所采取的方式上，与北方文化人相比较，真还是大大不同的。唐代诗圣杜甫是北方人，擅以北方人的视角审视周遭的一切，在客居四川的多年里，却能写出《三吏》《三别》《茅屋为秋风所破歌》等充满强烈忧患意识的诗作；几乎与之同时代的大诗人李白是四川人，年轻时便"仗剑去国，辞亲远游"，多在北方大地颠沛流离，对官场黑暗、世间冷暖可谓是体会至深，但他总是以"游戏人生"的姿态面对所遭遇的一切，其极具个性和叛逆色彩的所作所为（如戏弄权臣高力士于朝堂之上的掌故等）处处流露出玩世不恭的人生态度。由此可见，北方人杜甫作诗，总不忘救天下苍生于水火之中，有"安得广厦千万间，大庇天下寒士俱欢颜"之宏志；而四川人李白却以"斗酒诗百篇"自诩，搞创作差不多跟玩儿似的，二人的诗风自然也就大相径庭。这里，我并非是要生拉活扯将李白、苏东坡或李劼人混同于一般的市井之徒，但作为四川人，甭管你属于哪个朝代哪个阶层，由相同的生存环境所决定的相同的生活习俗和相同的文化背景，造就了古往今来的四川人特有的性情，他们的生活哲学中处处离不了一个"玩"字，已然渗透进他们的骨子里去了。

不妨借着李太白"斗酒诗百篇"的话题聊聊有关"饮酒"的事情：

提起酒，四川人尤其当仁不让，华夏大地凡带上了"国"字头的白酒中，十之六七跟咱四川有关——五粮液、泸州老窖、郎酒、全兴大曲、剑南春、沱牌……仅这些响当当的传统名牌，足以让天下嗜酒者垂涎三尺。四川产酒，产好酒，四川人爱喝酒，在他们看来，喝酒就是一种"玩"。月下独酌，朋友对饮，或小镇逢场天在人头攒动的酒馆里一边呷着该地自产的"跟斗儿酒"，一边听隔桌的乡民们摆龙门阵，这类型的喝酒，绝对是一种适度而有品位的"玩"法。也有人一日三餐都要喝酒，而且每喝必醉，喝醉后独自睡去倒也罢了，竟还有借酒装疯、打架滋事者……被称为"烂酒"。更还有应酬席上的无节制的劝酒以至于斗酒，几成为一种"恶俗"令参与者玩得心跳心不跳的（心跳者是因刺激而心不跳者则命休矣）。我曾经也是这样一名好斗酒之人，三五两的量却敢灌下一斤去，横竖都是醉，以我之醉搏对手之醉，用的是"同归于尽"的玩法。有一次我工作单位邀请全国同行来川开会并作短程游览，临别的宴会上大家难免觥筹交错一番，来四川哪有不喝酒的道理呢？既喝酒，就会闹酒，进而斗酒，乐子由此而生。当时一位从武汉来的女同行酒量十分了得，所谓"巾帼不让须眉"，与人斗起酒来大有"天下谁与争锋"之豪气。就在临近酒宴结束，眼见着这位已然微醺的女酒仙将要带着几分矜持的微笑离去的时候，有好事者硬是将半醉的我推了出来，一场斗酒的闹剧就在众人的哄笑声中拉开了帷幕。其实，我知道对手是不能再喝的了，我也知道自己更是沾酒必醉的，但是，为了证明自己是一个敢于将生死置之度外的"男子汉"，也为了不辜负众同行对我的"抬爱"，大不了就是个醉嘛！于是，将各桌喝剩下的白酒全部收罗过来，用半斤装的玻璃杯倒满整整三大杯。不是男女有别吗？对手喝一杯，我饮两大杯，别让人笑话俺一个大爷们儿欺负一名小女子吧。来，先干为敬！咕咚咕咚……我真还面不改色地将两大杯白酒一股脑儿地灌下肚去。当然，对手也不得不喝了，对手醉了。我呢？很想学李太白，但又诌不出半句酸诗来，还差点没有把命搭上，个中苦处只有自己心知肚明。类似的事情不止一次地发生在我身上，因为当时年轻气盛，敢于将身体作为"本钱"参与这种赌命似的玩法。后来，随着年龄的增长，作为"本钱"的身体逐渐地玩不起了，咱得赶紧换一种"玩"法。

不斗酒，咱喝茶。

咱四川人喝茶得上茶铺，茶铺遍布于四川的每一处犄角旮旯儿。

茶铺是什么？是供人们喝茶的场所。来这里，坐下买碗茶，会友聊事摆龙门阵互通信息、交流感情，听评书、看川戏、吼玩友，与鸟儿逗趣，读报看闲书，发呆、养神、打瞌睡，享受按摩、掏耳朵，想要什么要什么，想说什么说什么，有多爽！难怪历史上的四川人将坐茶铺视作自己生活的一部分、生命的一部分，不为别的，还是一个"玩"字，而"喝茶"这回事不过是幌子罢了。因此，谈四川茶铺只谈四川人如何喝茶，那就没意思了。四川茶铺的意思主要在于茶铺里发生的事情，即来这里的人们那些个各式各样的"玩"法。多年前一位朋友移民去了美国，多年后的来信中还在喋喋不休地铺派着美国的不是，流露出怎么也挥之不去的浓浓的乡愁。他最让我印象深刻的一句话："美国不好耍，莫得茶铺坐！"

那年我在法国巴黎溜达的几天里，邂逅了曾在成都留过学的几位法国朋友，当一提起四川的茶铺，他们流露出的那份赞许和依恋就像是说到了久别的情人。他们极力向我推荐巴黎的咖啡馆，说是来巴黎不去坐咖啡馆就相当于到了成都不去坐茶铺一样，枉自了，因为咖啡馆文化跟咱四川的茶铺文化有异曲同工之妙。其实，这两种分别处在东西两个半球的文化现象是很难同日而语的，毕竟地域的，历史的，政治、经济、文化的诸多差异决定了巴黎人与成都人各自不同的生存方式，体现在吃喝拉撒这些日常生活行为上，必定也是大异其趣。巴黎的咖啡馆我真还常去，在咖啡馆里我所感受到的那份精致和优雅，就像徜徉在凡尔赛和枫丹白露，法兰西文化的这种精致而优雅的氛围无处不在。相比之下，我们四川人的生活要粗疏简朴得多，成都的茶铺也充满着浓厚的俚俗之气，从茶客们身上体现出来的率性和随意较之法兰西的浪漫是一种迥然不同的文化品格。尽管如此，巴黎人之坐咖啡馆与成都人的泡茶铺虽有诸多的不同，但在追求闲适散淡的状态和充分享受人生上却又殊途同归了，这也就是为什么法国朋友来成都格外地喜欢茶铺的根本缘由。

依我看来，非但法国朋友喜欢咱四川的茶铺，凡来过四川的外国人、外省人，只要他曾经走进过茶铺，恐怕很少有不对这种奇特的文化现象表示出极大的兴趣来的。茶铺的确太好耍了，茶铺中的"玩"法实在太丰富太有讲究，要弄明白须得专文细述，这里仅聊一聊打麻将。

如今成都的"麻将茶铺"遍布于大街小巷，几成为一道独特的城市景观。像那类专以吃闲茶为主的"清"茶铺是越来越少了，很多茶客过去坐茶铺是为摆龙阵，而现在多半是为搓麻将。当然，打麻将并不只是发生在茶铺之中。对于成都人乃至整个四川人来讲，打麻将几乎可以称作是"全民运动"。

据考证：麻将，也称为麻雀牌或雀牌，最早源自殷商时期的"博戏"。所谓"博戏"，是一种用几支叫"箸"的长形竹制品和若干棋子作为器具的游戏，以投掷竹箸比大小赢取棋子，最终以获得棋子的多少定胜负。至明代天启年间，出现了一种叫"马吊牌"的玩法，它是一种纸牌。所谓"马吊"，意为马有四脚，缺一不可，因此玩"马吊牌"需要四人一起玩。全副牌为四十张，分为十万贯、万贯、索子、文钱等四种花色。具体玩法为每人先取八张牌，剩余八张放在桌子中间，四人轮流出牌、取牌，以大击小……明末清初，广东一带这种纸牌已经演化为用竹子或铸铁板做成的长方形色牌，它就是现在麻将牌的雏形了。再后来宁波等地，色牌又进一步发展，其形状和玩法与今天的麻将牌差不多了，并在向全国推行的过程中逐渐臻于完善。

四川是个移民大省，受移民文化的影响，四川人善于接纳，尤其对于好玩的东西，是决不会放过的。麻将一经传入四川，就像种子播向了适宜它生成的土壤，很快生根开花结果，硕壮繁衍得仿佛原本就是土生土长，压根儿不是什么"舶来货"。会玩麻将的外省人往往看不懂四川人打的麻将，因为四川人打的是"四川麻将"，是经过改造后更适应四川人性情的麻将玩法了。比如，早先麻将（所谓"老麻将"）的玩法是东南西北、红中、白板、发财等一个都不能少，玩起来比较繁复，有数十种番可数，节奏当然也就慢许多，应该说有很高的技术含量，但四川人觉得这种玩法过于老道，太麻烦，不够爽，便率性地将这些带字的玩意儿全然废掉，而为了避免重庆人"推倒和"（即逗拢就和牌）的简单和仓促，又保留了"打缺"，即筒、条、万必须做缺一门才可和牌，以及只"碰"不"吃"，带"根儿"加番等多种规则，较适度地增加了游戏的花样。现如今花样还在不断翻新，什么"唱歌跳舞""勇往直前""血战到底"，甚至"血流成河"……听起来怪吓人的，却正好折射出四川人喜新厌旧、于平淡中寻求刺激的市井心态。

要说我与麻将的关系，用"若即若离"一词来形容应该比较合适。我家有一副资格很老的麻将牌，骨面竹背，制作考究，简直就是一件上乘的手工艺精品，因为年生久远，看上去微微有些发黄，但手感非常好，据说使用过好几代人，曾经作为我母亲的嫁妆之一，现在又传到了我的手中。早在二十世纪七八十年代改革开放之初，打麻将还遮遮掩掩的远不如今天大张旗鼓，更不够普及，因为我们家有这样一副精美的麻将牌，更有着前辈们打麻将的传统，逢年过节总会关上房门摆起了"杀家搭子"（即自家人之间玩麻将）的战场。起初我只是站在父辈们的身后观摩，逐渐学得了一些规矩，三缺一的时候也可以上去抵挡一阵子的，到后来当然也能自成一家了。三十多年过去了，要数"麻龄"真也不算短，但技术却不见提高，与刚学会时一样，始终十打九输，极大地打击了我对麻将的兴致，一年之中也就摸上个三五次，而且每次赴"麻约"，朋友们总不免打趣我：瞧，"兔儿"（意为挨宰的对象）又来了！其实我还是很用心去打理每一次牌局的，谁也不愿意自己的钞票尽流入他人的腰包吧！但总是事与愿违。我就是弄不明白，有些人平日看上去并不多么灵醒或有多么强的生活、工作能力，但一坐上麻将桌简直像变了一个人，从他们身上体现出来的一股子精明干练、运筹帷幄的将帅之气，着实让我有些自卑。后来我总结到，麻将打得好坏绝对与文化多少、智商高低无关，关键是看感觉看心态和看投入，至少我是没有找到感觉的，因此也就只有"若即若离"的份儿了。

在成都这座处处充盈着浓厚的休闲氛围和游戏精神的城市里，坐茶铺或者搓麻将都只是市民们精神生活的沧海之一粟，但也绝对是最具代表性和最能体现城市性格的人文现象。试想：假若哪一天成都人不再坐茶铺或不再玩麻将了，成都还将是成都吗？

街边麻将
巴中恩阳镇

1990

1989

邻里麻将
成都黄龙溪

1985

1991

街头麻将
成都锦官驿

陆

坝坝牌局
大英仓山镇

1993

1999

家庭牌局
泸州兔坝镇

遛鸟

郫县唐昌镇

1997

1987

乒乓球
邛崃夹关镇

1990

1987

打陀螺

成都街子镇

1987

呼拉圈
成都上莲池

扣
篮

成
都
大
同
巷

1996

茶
铺

柒

多年前回灌县（今四川省的都江堰市）老家，跟随素有坐茶铺瘾癖的幺外公喝过一次早茶。雄鸡刚一打鸣，幺外公便唤醒了酣睡中的我，来到距家仅百米开外一座临街的茶铺。天色尚黑，街灯昏黄，行人稀疏，但茶铺里却已是沸沸扬扬——喊堂的、问早的，茶船茶盖稀里哗啦的，浑然一片，仿佛全城人一天的生活从这里热热闹闹开始了。茶客之间一阵例行的寒暄之后，幺外公拣了"亘古不变"属于自己的椅子坐下来（老茶客都有了固定的座位），泡上盖碗茶。在东方既白的清晨，他那一动不动的身影就像是一尊朦胧的雕像。幺外公向来少言寡语，常常会这样静静地、心如止水般，在茶铺里坐上一整天，有时甚至连饭都忘记回家吃。此刻，从他沉迷的眼神中，我分明感觉到平日间少有显现、只有坐茶铺才流露无遗的对现实人生的极大满足。这次喝早茶的经历让我对茶铺产生了浓厚的兴趣，长时间地估摸着：是什么原因让幺外公如此依恋茶铺？

四川自古称"天府之国"。以成都为中心的川西平原，气候温暖湿润，土地肥沃，物产丰饶，富甲一方，人们不需要太多付出，便可以获得基本的温饱。所谓"饱懒饿新鲜"，在以小农经济为基础，相对封闭的生存环境中，极容易养成苟安知足、散漫闲适的生活习性。曾经有人类学家做过比较，认为北方人所处的自然环境比较艰苦，为了生存必须付出巨大的劳动，在与恶劣的自然条件的抗争中练就成坚忍不拔的性格和吃苦耐劳的生活习性，具有强壮的体魄以及御临天下的磅礴气度，因而中国历史上那些雄才大略的帝王将相和"悲歌慷慨之士"多出自北方；南方人则不同，他们受大自然的恩惠，习惯于依赖优越的环境赐予，在一片灵山秀水的包裹下逐渐养成了相对温和、柔弱的性格和贪图安逸、保守知足的生活习性，历史上的川西平原，正是这样一个富庶繁荣的温柔之乡。过去陕甘地区流行一种说法叫"少不入川"，是警示那些初离家园、涉世未深的年轻人，小心坠入四川这个"安乐窝"，消磨掉意志，泯灭了竞争之心。《锦城竹枝词》也唱道："'锦官城'东多水楼，蜀姬酒浓消客愁；醉来忘却家山道，劝君莫作'锦城'游。"二十世纪三十年代客居成都的文化人，在回顾历史时得出过"谁坐成都都不久"的结论，并描述道："……成都的大椅，谁也没有坐长久。成都不能久坐的缘故，不是地方不吉利，乃是成都及其周围都太好，谁都视为乐土，不愿再抖擞精神干了。"（薛绍铭《成都的印象》）著名学者黄炎培先生旅川，据自己的见闻感受作过一首打油诗："一个人无事大街数石板，两个人进茶铺从早坐到晚，三个人猪狗象一例俱全，四个人腰无分文能把麻将编，五个人花样繁多、五零四散，回家吃酸萝卜泡冷饭。"将某些四川人百无聊赖之态和知足好耍之习描绘得淋漓尽致。的确，四川是个好地方，优越的四川人在优裕的生活中，少了一种刻骨铭心的忧患意识，却多了一份乐天率性的闲情逸致。凭了这份闲情逸致，坐坐茶铺，成为他们追求的最基本的生活方式。过去成都流行过"三多"的说法，即闲人多、茶铺多、厕所多，此传统源远流长，经久不衰，俨然成为一道独具特色的城市风景！

"天下茶馆数四川，四川茶馆数成都"，既是言其多更是言其有特色有讲究，除了那些极富艺术韵味的店招，如"掬春楼""悦来园""观澜阁""吟啸楼""停月居""会友轩""消闲处"等等，便是茶铺浓厚的人性化氛围以及独特的经营方式，这一切又在专司泡茶续水的师傅——堂倌的行为举止上得到充分的展现。因此，要了解四川的茶铺首先还得从"堂倌"的话题说开来。

堂倌，又称茶博士，民间尊呼为"幺师"。所谓"山不在高，有仙则名；水不在深，有龙则灵。"茶铺无论大小，生意的好坏不仅取决于响亮的店招、雅致的环境、舒适的桌椅和优质的茶水茶具等硬件设施，尤其还要取决于有没有出色的堂倌。虽然堂倌是茶铺中受雇于老板的打工者，但这一角色比起坐在柜台里的老板可要重要多了，他直接与茶客打交道，泡茶续水，迎来送往，全都靠他料理完成，说得严重一点，堂倌才是一座茶铺真正的"面子"和"店招"。

在我工作单位附近有一座茶铺，因地处成都市著名的新开街花鸟集市，取名为"兰园茶社"。"兰园"的堂子原本不大，但能够从仅仅二十余平方米的铺面房，延伸至百多平方米的街沿，足可摆上近二十张茶桌，容纳上百人喝茶。拜客访友摆龙门阵的、独坐静处打瞌睡的、遛鸟吃闲茶的、做花草生意的……各色人等从早至晚流连其间，生意十分红火。凡来"兰园"吃茶的人，大可不必留意该茶铺老板的模样，事实上我这个在这里盘桓了十余年的"老茶客"，真不知道老板姓甚名谁。但是，"兰园茶社"的当家堂倌"眼镜"，恐怕无人不晓。

"眼镜"的本名叫李德华，李德华的家乡在四川资中县的铁佛镇，十二年前李德华经人介绍出现在"兰园茶社"刚三十岁出头，身材瘦长，皮肤白皙，戴一副仿银丝边眼镜，十足的书生气，茶客们不呼他的本名，都亲切地管他叫"眼镜"。在"兰园"里随时可以听到这样的呼唤："眼镜，拿碗茶来！""眼镜，抬把椅子！""眼镜，去隔壁馆子帮我喊碗面条。"呼唤声非常顺口，也非常顺耳，更非常顺心。当然，"眼镜"的确非常勤快，在茶客们的使唤下从无怨言，整座茶铺就数他最忙活，不但斟茶倒水动作麻利，嘴巴还不闲着，讲着一些诙谐幽默的言语，逗得茶客们直乐。他常说：虽然我大小还是个"官"（谐倌音），却不管民，因为只是个斟茶的堂倌。别看我白日里腰系千吊（收的茶钱），到晚黑身无甩文（如数上交老板了），还是个穷光蛋！

"兰园茶社"有一群平时喜欢玩鸟的老茶客，这群人都有着较为严格的生活规律：早起带着鸟儿去河畔、公园等清幽场所溜达晨练，至午时回家吃饭，然后小睡一会儿，约下午两点左右再提着鸟笼子陆续相聚于"兰园"。此刻的茶铺是一天中最热闹的时候，约二十张茶桌座无虚席，鸟语人声杂伴相存，弥漫出一派快乐祥和的环境气氛。赖大爷、俞大爷、张大爷……先来了，不消招呼，"眼镜"很快摆起了茶碗、续上了水。紧跟着王大爷来了，还未坐定，先到的大爷们都要争着为王大爷付茶钱，纷纷伸出握钱的手，冲"眼镜"大声地呼喊："收我的，收我的！"而"眼镜"会很自然地从那些伸过来的手上选取一位，然后也喊道："王大爷的茶钱，裘大爷付了！"王大爷很骄傲，裘大爷更荣耀，其他的大爷们也不失"面子"。如若一会儿陈大爷也来了，刚才争付茶钱的那一幕又会再一次重现。这种争相为别人付茶钱的行为，过去称作"喊茶钱"，主要是一种礼节，以表示相互的友好和尊重。唯其是礼节，所以也不必真付，除非是特殊的关系或有其他目的，作为堂倌的"眼镜"非常识趣，该收谁的不该收谁的，拿捏得十分的妥帖。近几年俗务缠身，我也很少去"兰园"喝茶了。更由于市场经济的需要，"兰园"铺面前百多平方米的街沿，已被政府搭建起临时的板式营业房，出租给卖猫猫狗狗的商贩们。茶铺退隐于营业房的后面，场地缩小了，与街面之间只留下一条不足两米宽的通道。尽管如此，我每次打这里经过，总还能听见"眼镜"热情、熟悉的召唤："陈锦，来喝碗茶嘛！"或者："是鬼撵起来了嗦！总看你匆匆忙忙的，还是抽空过来坐一坐哈。""眼镜"的召唤声，令我日渐冷漠浮烦的心境，多少添上了一丝儿暖意、带来了片刻的安宁……

清末傅崇矩在《成都通览》中描绘成都人的性情积习："茶铺聚谈，好造风谣。"这"风谣"一说未免偏执，然"聚谈"者不独成都，整个四川无不如此。茶客们往茶铺里一坐，一边喝茶将嗓子润着，一边天南海北地摆起了龙门阵，激烈时伴以手舞足蹈，其乐也融融。摆龙门阵又叫"冲壳子"，北方话称"侃大山"。据最初的解释，龙门阵特指古代战场用兵所摆的阵式，过去四川民间的说书人常在茶铺中讲述薛仁贵征东时大摆龙门阵的故事，其阵变幻莫测，复杂离奇，讲起来又曲折迷离、扣人心弦，故四川人将讲故事统称作"摆龙门阵"，后来更引申为凡扯闲谈者均是摆龙门阵了。人们通过摆龙门阵增长了见识，传达了信息，交流了情感，促进了人与人之间的友谊。由此还可以看出，茶铺也是传承文化的好去处。川籍文化名人郭沫若曾总结自己深厚的文化功底，得之于家乡的"龙门阵与茶铺"，不是没有道理的。而四川人好扎堆儿摆龙门阵的生活习性，成为促使本地茶铺业繁荣兴旺的重要因素之一。

茶铺里有一句俗语："龙门阵打伙摆，茶钱各付各"。通常是指原本互不相识的茶客在茶铺中邂逅相处而约定俗成的一种消费方式，但也有专门请客人进茶铺吃茶的时候。历史上大多数四川人的居家条件并不宽松，过日子也就凑合了，待客则极不方便，客人也感觉拘束。作家李劼人在小说《暴风雨前》中描述道："客来，顶多说几句话，假使认为是朋友，就必要约你去吃茶。"这茶铺也就"作为中等以下人家的客厅或休息室"。在茶铺中"是可以提高嗓子，无拘无束地畅谈，不管你说的是家常话，要紧话，或是骂人，或是谈故事，你尽可不必顾及旁人，旁人也断断不顾及你。"其身心的放松，别说是在他人的家中，就是在自家屋里恐怕也是绝难做到的。可见茶铺还是极其自由自在的地方。

茶铺可以作为"客厅或休息室"，当然也可以派生出许许多多其他用场。比如民国时期，成都有些茶铺就成了行帮社团或袍哥组织的聚会之所，这类茶铺又被称作"行业茶铺"。如"安乐寺茶馆是粮油业的；下东大街的闲居茶馆是纱布业的；上东大街的'留芳'、城守东大街的'掬春楼'、春熙南段的'清和茶楼'是丝绸缎业的；安乐寺对面新商场茶社、春熙东段江楼茶社、大科甲巷'观澜阁'是印刷业的；提督街'魏家祠茶社'是皮鞋业的；商业场的品香是枪支鸦片的交易市场；督院街口的茶馆是全城武师会聚之处；还有的茶馆是同乡会、同学会的会址，像中山公园（今文化宫）的茶馆内就挂着富顺县旅省同乡会、屏山县旅省同乡会等几十个会牌"（《民国时期的老成都》王泽华、王鹤著）。这一传统延续至今，当你看见茶铺门前悬挂的"××川剧玩友协会"、"××街道老年协会"或"××信鸽协会"等牌子时便不会感觉奇怪了。茶铺作为集会、职介、联姻等临时的场所，是司空见惯的事情。过去，茶铺甚至是专门提供给产生矛盾的当事人辨明曲直、评说是非的地方，无公堂之形却施公堂之职，成为名副其实的"民事纠纷调解所"。

旧中国是一个"人治"的国家，"普天之下，莫非王土；率土之滨，莫非王臣"。所谓"王法"，非法律之"法"，不过是封建皇权意志的集中体现而已。现实生活里，以儒家的礼乐教化和纲常伦理的价值体系作为内核的"理"，一直是判断人的行为举止的唯一尺度，也是维系社会稳定、人际关系的根本砝码。汉语成语中有"理直气壮""理屈词穷""理所当然""以理服人""有理走遍天下"等不少说法，可见，认"理"而不讲"法"，是旧中国普遍的社会文化心理。地处西南一隅的四川，交通闭塞，从来就给人以"山高皇帝远"的感觉。平时悠闲散漫惯了的四川人，都不大理会"王法"的约束，自有一套地方上为人处世的方式。更何况近代军阀割据，战乱频繁，今天张大帅去，明日李将军来，各执不同的统治手段，极有可能朝令夕改，让人无所适从。因此，日常生活中逐渐形成一条不成文的规矩：人们一旦发生纠纷，大都忌讳去衙门报官（老百姓也付不起打官司的钱），而是由当事双方在地方上请一位德高望重、"有面子"的人物，充当中间人，一道上茶铺评理调解（民间叫作"摆茶碗"），所谓"一张茶桌四只脚，说得脱来走得脱"。关于这一点，李劼人先生曾有描述："假使你与人有了口角是非，必要分个曲直，争个面子，而又不喜欢打官司，或是作为打官司的初步，那你尽可邀约些人，自然如韩信点兵，多多益善——你的对方自然也一样的——相约到茶铺来。如其有一方势力大点，一方势力弱点，这理很好评，也很好解决，大家气势汹汹地吵一阵，由所谓中间人两面敷衍一阵，再把势弱的一方数说一阵，就算他的理输了。输了，也用不着赔礼道歉，只将两方几桌或几十桌的茶钱一并开销了事（民间叫做"开茶钱"）。如其两方势均力敌，而都不愿认输，则中间人便也不说话，让他们吵，吵到不能下台，让他们打，打的武器，先之以茶碗，继之以板凳，必待见了血，必待惊动了街坊怕打出人命，受拖累，而后街差啦，总爷啦，保正啦，才跑了来，再然后就是赔茶铺损失。这于是堂倌便忙了，架在楼上的破板凳，也赶快偷搬下来了，藏在柜房桶里的陈年破烂茶碗，也赶快偷拿出来了，如数照赔。所以差不多的茶铺，很高兴常有人来评理……"（《暴风雨前》）。这就是所谓的"吃讲茶"，当时在四川民间非常流行。

吃过了"讲茶"，再回过头来说说"书茶"。

成都这座晕染着平民色彩的城市中，如今四五十岁的中年人，大多还有过幼童时代被长辈领着去茶铺吃书茶的经历：日暮黄昏，晚饭过后，街口上的老茶铺传出了惊堂木敲击桌面的噼啪声，是《三侠五义》

的第四十四回"花神庙英雄救难女 开封府众义露真名"开讲了。老外公呷着盖碗茶，叭着叶子烟，很快便沉醉于曲折迷离的故事情节里。小外甥坐在外公的膝头上，一边嗑着瓜子、花生等零食，一边也似懂非懂地注视着说书人声情并茂的表演，间或用茶盖子从外公的茶碗里舀上一点茶水喝喝。——月挂中天，当说书人讲道："欲知后事如何，明日请早，且听我下回分解"时，小外甥早已在外公的怀抱中沉沉地睡去……

说唱艺术历史悠久，从四川各地出土的东汉时期形态生动的说唱陶俑上，可以窥其优秀传统之一斑。唐人段成式在《酉阳杂俎》中记述当时的成都："予太和末，因弟生日，观杂戏，有市人小说……"借过生日之机请戏班和评书艺人捧场，必是官宦商贾人家的时尚之举。过去四川称戏曲演员为"蜀伶"，宋人岳珂就说："蜀伶多能文，俳优率杂以经史。"可见民间艺人都有着深厚的文化功底。到了清代，在移民文化的推动下，四川的说唱艺术有了更大的发展，那些不断地从外省传入的丰富多彩的表演形式与本土文化相融合，逐渐衍生出许许多多散发着浓郁的四川乡土气息的艺术品类，比如四川清音、扬琴、竹琴、评书、相书、金钱板、莲花落、车灯、花鼓……不一而足。六对山人在《锦城竹枝词》中描绘嘉庆年间成都曲艺盛况时道："清唱扬琴赛出名，新年杂耍遍蓉城；淮书一阵莲花落，都爱廖儿《哭五更》。"过去，大多数民间说唱艺人的社会地位比较低下，一般不太可能有属于自己的特定演出场所，要么就地设座，要么游走四方，其生存状态就像他们演出的故事情节一样曲折而扑朔迷离。他们将茶铺作为主要的演出阵地，当然是因为能够满足茶客们精神文化的需求，同时演出的内容形式大多取材于民间与广大民众的生活息息相关，因而受到普遍的欢迎。不少艺人在长期的演出历练中风格突出，逐渐成名，茶铺还会为他们设立"专馆""书场"，如旧时成都的扬琴大师李德才在协记茶社，竹琴大师贾树三（人称"贾瞎子"）在锦春茶楼，还有北打金街的知音书场、全香居，以及科甲巷的林清茶楼等，都是专听评书的好去处。茶铺借艺人们的表演招徕顾客增加收入，演出时的茶钱比平时略高，高出部分便是艺人们的报酬。

如果将茶铺与茶客比作互相依赖、彼此不可或缺的两个方面——茶铺靠茶客得以生存，茶客借茶铺实现其生命的价值，那么，还有一类人，即那些围绕着茶铺将其作为谋生之地，专门为茶客们提供各种各样服务的小商贩、手艺人，就成为茶铺本身不可分割的一部分。他们往来游走于茶客之中，靠辛勤的劳动赚取几个小钱聊以度日；累了渴了，坐下来喝一口茶客离去后剩下的茶水，这种一碗茶水前后易主的现象叫作"喝加班茶"，所以那些在茶铺中营谋生计的小商贩、手艺人又被茶客们诙谐地称呼为"喝加班茶的角儿"（喝加班茶要遵循一定规矩，即只能喝没有盖的茶，因为茶未盖表明主人已经离去，不再需要这碗茶；而且还不能端起茶碗直接喝，应该用茶盖从碗里舀出茶水来喝，以示卫生。）。真别说，茶客们的确离不得他们：嘴馋了，有小贩及时送来瓜子、花生、桃片、油饼、脆麻花、叮叮糖……烟瘾犯了，装好烟丝、烟卷儿的水烟袋、长烟杆儿递到手中，还点上火；据说旧时暑热天还有扛着大蒲扇专门为茶客扇风送凉的"卖风匠"，按扇风次数计价，一百次一个铜板，一整天扇下来够买几个锅魁的，劳力价贱呗！还有卖报的、卖药的、卖针头麻线的，或唱小曲、测字算命、推拿按摩、修指甲擦皮鞋、理发等等，应有尽有；最引人注目的数那群随时将手中的大铁夹子弹得"嗡嗡"作响的掏耳匠们，当然大铁夹子主要是他们的招牌，另有多达十余种的掏耳工具，掏起耳朵又是夹又是刮又是涮的，看上去怪吓人的，但他们的动作精细利索，被掏者绝无性命之忧（外地人不了解，见此情形往往会心中犯怵），很受茶客的欢迎——别以为茶客们当真想清理耳朵，只图个从掏耳时半睡半醒的状态和麻酥酥的感觉之中，品尝些难以言表的快意罢了！

中国传统茶文化由传说中的神农时代为发端，已经有数千年历史。茶叶最初被发现、利用是因为它能够"入药"，逐渐成为人们的日常饮品之后，从单纯的生理需求跃升为内在的精神需求，儒、释、道"三位一体"的正统思想便始终贯穿在它的发展过程中。尤其是那些以领导中国茶文化潮流自居的文人儒士们，将茗饮作为一种显示高雅素养，寄托感情，表现自我的艺术活动，刻意地追求、创造和欣赏——"雅"，自然就成为传统茶文化追寻的精神实质。饮茶史上曾出现过所谓"分茶""斗茶""功夫茶"等茗饮现象，大多是文人士大夫们的习性所好，追求雅趣的表现；至于历代文学领域里极尽华美之辞谱写的有关茶的诗词歌赋，更能体现出他们的澄心净虑、超然物外的人生理想。比较有代表性的如明代冯正卿在《岕茶笺》中总结出品茶的"十三宜"和"七禁忌"。这一条条关于茗饮的方法、道理，全是围绕着一个"雅"字而展开，其精神内涵与日本茶道讲求的"四规"宗旨，即"和、静、清、寂"如出一辙。但是，对于"雅趣"的追求虽然始终贯穿在中国茶文化的发展历程中，却不能因此将传统茶文化全部划归"雅文化"的范畴。饮茶史上，以"雅趣"为目的的茗饮方式，仅仅是众多茗饮方式中的一种。当茗饮由少数权贵和文人儒士们的专利，成为寻常百姓必不可少的生活内容，具有一种世俗化的倾向，而茶铺便是这一倾向合情合理的产物。若依照"雅文化"的标准，茗饮在于"玩味人生"，体现为一个"品"字，认定"饮茶以客少为贵，客众则喧，喧则雅趣乏矣"，所以品茶时"独啜曰神，二客曰胜，三四曰趣，五六曰泛，七八曰施……"（明·《茶录》）人越多也就越不能品尝出茶的内在精神。然而，茶铺却是地地道道的聚饮的场所，它需要旺盛的人气和热热闹闹的氛围。可以肯定，作为茶铺的老板，客少则不能持续地经营；作为茶客，茶铺没有了热闹的氛围则不具吸引力。所以无论对于经营者还是茶客，来茶铺吃茶的人越多越好。人多了难免喧闹嘈杂，自然就缺乏"雅趣"，与"雅文化"提倡的静寂儒雅的茗饮方式相去甚远，如此，我们不得不将作为传统茶文化重要组成部分的茶铺划入"俗文化"的范畴。这里的"俗"，当然是世俗之"俗"，因为坐茶铺就是世俗生活的重要内容。

其实，中国茶文化发展嬗变至今，已经建构成一个多元化的、雅俗共存的开放型体系。以中国山川之盛、民族之多、文化形态之丰富，对茶的认识和利用岂能够一以概之。从饮茶史的角度看，早期茶叶属稀有珍贵之物，进贡给皇家成为宫廷饮品，皇家除自己享用外，还会赏赐给有功之臣以示褒奖；而豪门官场中也将请茶、赠茶作为相互应酬、显示身份地位的时尚之举，我们将这类流行于所谓上流社会的茗饮现象称之为"权贵之饮"。前面提到过，由于茶本身具有升清降浊、醒脑益智的自然属性，与中国传统文化倡导的"天人合一""中庸""五行协调"等思想相吻合，通过饮茶可以体验到明心鉴性、超凡脱俗、回归自然的特殊情趣，所以得到历代文人儒士们的推崇，他们将饮茶作为一项高尚、优雅的艺术活动刻意地追求，因此，饮茶时不仅要讲究茶好、器佳、水优、环境适宜和烹沏得法等，尤其还对饮茶人的道德操行有非常严格的要求……我们不妨将这类文人儒士们的颇具赏玩、自娱性质的茗饮行为誉之为"雅士之饮"。如果说茶铺作为聚饮的场所，是茶趣由贵族化至文人化并终于走向大众化的产物，那么构成茶铺中茶客主体的寻常百姓将茗饮之事涂抹上浓厚的世俗色彩，成为一种大众行为，体现出普通人的价值追求，如此，我们还可以认为，茶铺之饮即是典型的"庶民之饮"。四川茶铺堪称饮茶史上"庶民之饮"的代表，其强烈的地域色彩和浓郁的平民化、世俗化氛围，无愧于中国传统茶文化大家族中重要的一员。我们从四川茶铺的演变历程及其鲜明的文化特色上，可以窥见中国庶民饮茶文化之一斑。

说到饮茶的文化还不能不说到茶道。广义的茶道可以囊括茶文化涵盖下全部的人的行为，我们通常所讲的"茶道"应该属于狭义的范畴，归入饮茶的文化。概括地说，所谓"茶道"，就是饮茶的道理、方法及其应当遵循的规范；是随着人们对茶的认知和饮茶在日常生活中的普及，被赋予特定文化内涵而总结出来的一套完整的饮茶程式。中国的"茶道"始终贯穿着中国的传统文化精神，但不同地区和民族都按照自己的生活习俗赋予它不同的地域特色，形成众多流派和千差万别的表现形式，真所谓南北不同，东西各异。四川茶铺的饮茶程式，既遵循了中国传统茶文化的"茶道"精神，又执着地表现出四川特定的民风民俗和四川人固有的习性所好。因此，要了解四川茶铺的"茶道"，既要将它放在中国传统茶文化这个大背景上来考察，还要将它放在四川地域文化这一特定背景上来分析。如前所述，四川茶铺中舒适的竹椅方桌，极富人性化理念的"三件头"盖碗儿茶具，情有独钟、幽香四溢的茉莉花茶，沙缸滤水和老虎灶、铜壶烧水的方式，以及堂倌师傅们精湛的斟茶技艺等，这些属于四川茶铺特有的"茶道"的体现，无不烙上深深的地域文化的印迹。

客观讲，过去在四川，绝大多数进茶铺的人都不是冲着喝茶而来的，所谓茶客之意不在茶，在乎茶铺的氛围和特殊的社会功能：政治的、经济的、文化的等等。虽然四川茶铺的饮茶程式——"茶道"，有着鲜明的地域特色，但要真正把握作为一个完整的文化形态的四川茶铺，关键之处不在"茶"上。换句话说，无论是介绍四川茶铺还是要想了解四川茶铺，都不能过分执拗于喝茶本身，因为茶铺中的茶客们对喝茶这件事大多较为随意，甚至随意得不那么讲究：乱点脏点哄闹点，只要是茶，便宜就行，其他全是无所谓的。这个"无所谓"，使得四川茶铺在中国茗饮史上只能处于从属、非主流的位置。尽管如此，拿四川话来说：管它啥子"主流""非主流"，只要有茶铺子坐，一切都是无所谓的！这个"无所谓"，无疑道出了四川人的某些性格特质，也揭示出了四川茶铺的文化特质——四川茶铺的的确确就是一个什么都"无所谓"的场所。

既然什么都无所谓了，还有什么有所谓呢？

泸州尧坝镇

临街茶铺

1997

1999

矮座

犍为罗城镇

1988

1989

茶具
成都新开街

朱

摆龙门阵

捷为罗城镇

1988

1996

竹器
宜南溪
宾

1988

1989

天下事
成都人民公园

叶子烟
宜宾西门

1992

1987

叶子烟
双流中兴镇

1990

几杯跟斗儿酒下肚，万国兵老师的"话匣子"打开了，只要话题是"川剧"，且摆且唱，言语滔滔就像决了堤的洪水，大有"一泻千里"之势。

万老师曾经是一名颇有造诣的川剧武生演员，1952年从家乡宜宾来省城成都学艺，时年九岁，插班进入著名的川剧梨园三一宫的学徒班（万老师颇为自豪地称其为"黄埔第一期"），为徒七年，在严师曾绍明调教下练得一身扎实的基本功。那些年，川剧艺术占据着四川人文化娱乐生活的重要位置，作为川剧演员更是非常荣耀，社会地位高，走到哪里都受人追捧，学徒娃儿们享受着令同龄人十分羡慕的"三个四"生活待遇，即每日四餐饭，每月四次理发洗澡，每年四季衣装的配发……而且，还要学习文化知识。但旧社会过来的曾绍明老师是没有读过书的，箩筐大的字认不得几个，连时钟都不会认。有一次，曾老师将时钟的长短针看反了，愣是把半夜二时三十五分认作凌晨六时十分，急忙将弟子们从酣梦中唤起，练功数小时仍不见天明……当然，曾老师敬业爱岗，受人尊敬，带学徒更是出了名的严厉，谁要不听招呼，或做了错事，是要被竹片打手板心的，若遇到顶不住打而抽手躲闪的，让你将手掌持于额前，再敢抽手，竹片下来就会打在额头上，看你还敢不敢躲！

提起当年的情景，万老师两眼放光，跟斗儿酒一杯接一杯，在他看来，不论再苦再累甚至还挨竹片子，一概都是"过去的好日子"，赞许怀念之意溢于言表——酒没了，意犹未尽，"掌柜的，再来一瓶！"

的确，川剧艺术曾一度融入巴蜀百姓的精神生活，听川剧、看川剧、唱川剧，成为最普及、最时尚的群众性娱乐活动。清末人傅崇矩在《成都通览》中描绘：川人"好看戏，虽忍饥受寒亦不去，晒烈日中亦自甘"，或"街上夜行，口中好唱戏"，甚至"妇女好看戏，不怕被戏子看她"云云。至于川剧爱好者们相聚于街头院内、茶铺之中，摆弄起鼓板锣钹、唢呐胡琴等，清唱几段以过戏瘾，称之为"打围鼓"，或"吼玩友"，是一种相当普遍的自娱行为。玩友中有的熟谙音律，精研唱腔，还自编剧本；演艺高超者常客串演戏，人称"票友"，过去不少著名川剧艺人如浣花仙、贾培之、陈淡然等，都是从玩友再票友而后"下海"搞起专业来的。

万老师讲述了一则曾经发生在家乡宜宾与川剧有关的故事：旧社会军阀刘湘统治四川时期，宜宾的一个肖姓土匪头子与当地驻军勾结串通，搞起了贩卖鸦片和军火的营生。后"东窗事发"，刘湘追查下来，驻军为推卸责任只能"丢卒保车"，将罪状全部算在了肖姓土匪账上，被判了极刑。行刑之际，肖姓土匪提出了一个条件：死可以，但要死得"漂亮"！不上绑插标，着戏装，扮作川剧《肖方杀船》中武生的模样，坐车游街演唱，以示自己仗义赴死，二十年后又是好汉一条。当地驻军居然同意了这一滑稽的要求。那日，黄包车上拉着一位扮花脸、着铠甲、手舞刀锏的死囚，招摇过市，沿途大唱川剧，与押送刑警插科打诨，并不时向瞧热闹的人群行袍哥礼……这一旧时宜宾街头的"川剧秀"，想必深深地嵌在了老宜宾人的记忆里，而川剧艺术对于四川人的影响，由此可见一斑。

作为地方戏曲，川剧有了数百年的历史，经历过与京剧、昆剧、秦腔、豫剧、越剧、黄梅戏等兄弟剧种并驾齐驱的辉煌岁月。追溯川剧艺术的源头，有来自两汉时期的"角觝百戏"、唐五代的"蜀戏"，以及宋元时代的"川杂剧"、明代的"川戏"等。明末清初，随着大批外省移民入川，带来了不同的地方戏曲种类，融汇入四川本土的民间曲调，创造出以"昆、高、胡、弹、灯"五种声腔为特色的"川剧"艺术。可以说，川剧是汲取了各方戏曲的精华：其中昆腔，来自昆曲；高腔，来自江西的弋阳腔；胡琴，又分西皮和二黄，源于同属皮、黄系统的安徽徽调和湖北汉调；弹戏，则来自北方的梆子腔；唯有灯戏才是最地道的四川乡土音乐。五种声腔，五个源头，兼收并蓄，融会贯通，趋向于地方化和民间化，成为川剧艺术的突出特点，能够在四川这片有着悠久历史和古老文化的沃土中生根、开花、结果。

毕竟辉煌已成为过去，曾经在巴蜀大地上红火了几个世纪的川剧艺术，受当代多元文化的冲击，显出了日薄西山的颓势，各演出团体更是在自身的生存运作上举步维艰。那些省、市级国营川剧团，按他们自己的话讲：不演不亏，越演越亏。排练演出吧，售出的戏票不足以抵消各项费用开支，要想凭借演出经营来解决团里数十、上百人的生存之需，纯属"天方夜谭"，只能依靠国家出钱养着，逢年过节拉出来充充门面、应应景罢了。但是，对于那些纯民间的川剧戏班子来说，就没有这么好的运气了，他们的生死存亡完完全全得由演出市场所决定。

数年前，万国兵老师从国营川剧团退了休，如今做起私营的"望江川剧团"的班主（老板）。

出于对川剧艺术的热爱，在妻子女儿的鼎力支持下，倾其家中积蓄，于年前"盘下"（即收购）了该剧团，经营一月有余。说起这一月来的艰辛，万老师给我算了一笔账：如果每日有二百多观众看戏，就像春节这些天，每人收三元钱（带茶一碗），除去其中属于剧场的一元茶钱，剩下六百多元，正好是当天各项费用之和（全团二十几号人的工资和场租水电、化妆品消耗等），若是平时观众少些，只好倒贴了。他说：想赚钱就别搞川剧，只因这辈子与川剧结了缘，钱拿来做啥？做点自己喜欢的事情，虽然难些，心里头却是平衡坦荡的。

据我所知，万老师执掌"望江"之前，已不知易手过多少位班主了，短则两三个月，长则一年半载，就会有新旧班主的更迭。常言道："铁打的营盘，流水的兵。"可改作："铁打的剧团，流水的班主。"舞台还是这座舞台，甚至演员还是这群演员，只是老板换了。记得住我楼下的川剧爱好者焉大爷，就曾与他人合伙入主过"望江"，开张那天还请我为"镇台"仪式拍过照哩！但终因持续的收不抵支，最初的万丈豪情化为后来的唏嘘哀叹，不得不"拆漂"（即退出）。好在总会有如万国兵老师一样的"仁人志士"挺身而出，竭尽全力将他们心目中视为神圣的川剧事业，发扬光大下去。

那天，或许是因为酒精的作用，万老师对戏班的前景还是充满信心的，就像做父亲的对自己儿女的未来总是寄予着厚望。他自言自语道："开春了，气候转暖，观众一定会多起来的！"

如果说一个民间戏班无论班主怎样换，还能在一处一地长期驻扎生存下去，应该是相当不容易的事；那么，那些在实力上根本不能与"三大班子"相比肩的小戏班子，要想从有限的川剧市场中"分一杯羹"，就不得不跑江湖似的（好像赶着大篷车队的吉普赛人），靠不停地流动去寻觅属于自己的观众群：市井茶铺，乡村庙会，甚至民间举办红白喜事等，都成为他们的临时舞台，这类的小戏班子被同行们称为"火把戏班"。

所谓"火把戏班"，应该有两重含义：

其一，历史上民间川剧戏班根据自身条件划分为三六九等，实力雄厚的可以有像样的舞台（比如过去的"悦来"，如今的"望江"等）、齐备的道具和光鲜的服装行头，演出阵容也够威风气派；而一般小戏班子则显得寒酸得多，他们四海为家，凡事因陋就简，虽不至用油灯、火把作演出照明（没准儿也用过），在硬件和软件（演员的名头和演出经验等）配备上，同那些大戏班相比自然是天上人间，因此，将这些生活在社会底层的小戏班子以土哩巴叽的"火把"冠之，确也恰如其分。

其二，民间川剧戏班的生存，遵循所谓的"三自"原则：即（演员）自由组合、（班主）自负盈亏、（戏班与戏班之间）自由竞争。一句话，自生自灭。当然，是生是灭，最终都由演出市场所决定。一般小戏班子往往以城镇边缘，尤其是广大农村作为自己的活动空间。受历史上自然经济的影响，一年中演出市场也有"旺""淡"之分：温暖适宜的气候，传统节假日期间，乡村农闲时，人们有工夫有心情看戏，属"旺"季，届时戏班组成也多，演员的收入尚可；遇严寒酷暑，或农事吃紧，演出市场进入了"淡"季，戏班经营入不敷出，许多戏班只好打烊，演员们要么回家"赋闲"，以待下一个"旺"季的来临，要么另谋生路。这种受外界因素制约而"旺"聚"淡"散的现象，好比是火把的明灭，成为大多数小戏班子的运作规律，所以，这些戏班就被称为"火把戏班"，演员上戏又叫做"唱火把"，多少还有些嘲弄的意味。

不过，"火把"戏班也在残酷的竞争中趟出了一条自己的生存之道：

比如，一个戏班要想在某地待上一年，365天里平均得演365出戏（大幕戏可几天演一出，折子戏则一天要演2至3折），对于非专业水准的"火把"班子来说有些勉为其难，如果将已经演过的剧目原封不动地搬上戏台，叫作"炒陈饭"，观众是不能接受的，因此，这第一条应该做到"剧目要变"，即不断推出新戏以吸引观众，即便再上曾经演过

（或别的戏班演过）的戏，名称都不能重复（如《双花配》又可叫《粉河湾》，《钓金龟》又可叫《判双钉》等），凭着演员的演出经验和深厚的生活积累，在不违背原剧宗旨的基础上对剧情进行新的演绎，同一出戏就不会有绝对相同的翻版。第二条叫作"演员要换"。大凡"火把"戏班的人员配备不会超过二十人，其中真能上得了台面的演员不过三五个，但观众也有喜新厌旧心理，如果戏台上主唱的总是那几副老面孔，日久必要生厌，要想稳住观众群，就得"新陈代谢"，吸纳一些新演员，甚至偶尔花重金请个把"名角"扎场子（临时演上一两场），行内人称"请味精"。别说是"火把"戏班了，就连"望江"这类大戏班子也是如此。记得有一次万国兵老师从温江川剧团请来他的"师兄弟"肖方云，专演自己最辣手的保留剧目《巴九寨》。这《巴九寨》是川剧剧目中著名的袍哥戏，风格诙谐幽默，尤其是其中的"展言子儿"（说话时带出一些风趣的谚语、歇后语）工夫，充分表现出四川方言的语言特色。据说该剧没有剧本，全凭言传身教和临场即兴发挥而流传下来。肖方云老师真是得了该剧的真传，将个角色演绎得栩栩如生，精彩的台词从他口中连珠炮似的喷出，赢得观众阵阵喝彩。

还有一条叫作"剧团要转"。借用一句俗语："树挪死，人挪活"，戏班子要想生存，一定要着眼于未来，不断开辟新的演出市场，别等着演"死了"才去考虑换场子，所以感觉差不多时就得派出人去"跑台口儿"（即联系新的演出场地），让戏班在运动中争取更多的观众。我曾经就开车带着我的朋友、"蓉艺川剧团"的班主王亮，从什邡洛水前往金堂赵镇联系新的演出场地，亲身经历过戏班子跑台口儿换台口儿的整个过程。

认识王亮还是二十世纪八十年代末的事情。那年他刚满二十岁，已经在后来成为岳父大人的李官禄组建的"成都市蓉艺川剧团"唱了好几年的生角戏了。后来年事渐高的李官禄老师退居"二线"，将"蓉艺川剧团"的大旗交到了女婿王亮和女儿李琪英的手中。那日在"望江"邂逅了前来会朋友的王亮，我与他已是好几年未曾谋面，有一种故人久别重逢的感觉，一阵热烈的寒暄问候之后，得知他的戏班正在广汉金轮镇的包公庙里唱台口儿（即搭台演出），他特意叮嘱我一定抽时间前去"捧场"。

从成都去金轮大约有五十余公里的路途，这是一个难得的好天气，金灿灿的阳光照射着初春的川西平原，田野间一片新绿，早播的油菜子迫不及待地绽出了星星点点黄色的花蕾。我忽然想起一位朋友曾形容过：川西平原虽无秋高气爽之辉煌，却有春光明媚之灿烂。每年从正月间到三月的清明，像白云一样飘浮在农舍林盘的是梨花和李花，像朝霞一样簇拥在地头天边的是桃花，而油菜花更像一张金黄色的地毯覆盖着整个川西大地，微风吹过，阵阵清香引来了蜂忙蝶舞，游人如织，尽皆沉醉于纵横阡陌之间……春暖花开的季节里，川剧演出按传统称呼叫作唱"春台戏"，尤其是在广大农村深受父老乡亲们的欢迎。当我到达金轮镇的时候，演出还未开始，包公庙院坝里已经是人头攒动、热闹非常了，粗约估计，少说也有千把观众，庙门外还不断涌来如潮的人流，与时下城市中戏剧舞台冷清寥落的情景正好形成鲜明的对比，令我好一阵感慨！

近几年中，王亮的戏班虽也是有聚有散，但"蓉艺川剧团"的大旗始终不倒。此次来金轮镇唱"春台"，剧团成员大多是些新面孔，但我也能从中认出了李官禄老师和他的老伴，还有王亮的夫人李琪英和他们已经快要长大成人的三个女儿：娜娜、莎莎和婷婷。李老师快七十岁高龄了，依然还在唱戏，尽管将剧团的经营权传给了下一代，作为川剧人，必须保持时常地活在剧情之中，生命才有意义，因此是离不开戏台的，更何况剧团在艰难时刻需要强有力的精神支撑，剧团也离不开他。这不，连他的三个小孙女也能在戏台上扮演角色、串串"吼板儿"（即跑龙套，或叫作"当差狗儿"）什么的。

谁说他们不是一个兴旺的川剧"世家"呢？风雨飘摇中的川剧事业似乎后继有人。

王亮李琪英夫妇的三个千金中，娜娜十六岁了，初中毕业后无心读书，做父母的怕她混迹于社会学坏，将她带在身边，帮助料理一些戏班杂务，买卖戏票，演出需要时也上台串串"吼板儿"；莎莎快十四岁了，与九岁的小妹婷婷都还在上学，平日在家由外婆照管，遇假期便跟随父母在戏班住上一阵。这些孩子都是伴着川剧的锣鼓声成长起来的，耳濡目染下对川剧和川剧人的生活有不同于他人的特殊的感受，按常规他们成人后走上川剧之路顺理成章，过去不少川剧人，尤其是民间川剧演员，命运大多如此。当孩子们还是幼童时，被大人安排在剧情中扮演些小角色，他们一方面觉得"好玩"，另一方面在幼稚的心灵上多少可以满足一点面对同龄人时的小小的虚荣。不过，娜娜已经不小了，尽管现在有些无奈地被拴在了父母身边，作为新新人类，一定会有自己对于现代生活的理解和一个青春少女对于未来的梦想。

在包公庙戏台的幕后，我与化好了妆、正奋拉着脸儿等待上戏的娜娜聊了起来，从她那里了解些戏班的近况，并随意地问她是不是也准备学习唱戏，将来好续接家族的戏剧事业呢？谁知娜娜竟用了一种宣言般的口吻、不假思索地回答我："打死也不学唱戏！"语气斩钉截铁令闻者愕然。

这天散戏后王亮一家盛情挽留我共进晚餐，饭桌上却不见娜娜和莎莎两姊妹，我询问一直依偎在母亲身旁的小婷婷：姐姐们去哪里了？她告诉我，被新认识的小伙伴们带到镇上的网吧"聊天"去了。

有一次去德阳探望正在"旌阳影剧院"唱台口儿的王亮戏班，正赶上农历端午节，按照传统，他们演出了古装大幕戏《白蛇传》的第一本。据说端午节上演《白蛇传》是能够驱邪除秽的，与民间用艾蒿、菖蒲等草药熬水给小孩子洗澡，免生疮痍，大人们喝雄黄酒去病避毒，具有同样的功效。

演出结束后的晚饭是端午节的团圆饭，由班主王亮夫妇"宴请"全体演职人员及随行家小（平时戏班中人都是以"家"为单位自行开伙）。管服装道具兼串"吼板儿"的大娃子担任掌勺师傅，有卤鸡板鸭、盐蛋皮蛋、扁豆、红苋菜、粽子和香水鱼，在剧场侧的院坝中摆起了三大桌。虽然没有雄黄酒，正好打开我捎去的瓶庄老窖，戏班上下二十几号人热热闹闹、心满意足地边吃边聊起来。酒过三巡，大家的谈锋从一些逸闻趣事、生活琐碎自然而然地转到明天将要演出的《白蛇传》第二本上，吃喝间又开始了即兴排练，并时不时在对剧情的理解和技巧把握上展开激烈争论，甚至还会因坚持己见互不相让搞得面红耳赤。

一般来说，那些吃国家饭的"专业"剧团或"望江"类的有固定演出场所的大戏班，上一出新戏前总得进行专门的排练，要求演员对剧情有熟练把握，经"彩排"通过后才能正式演出。"火把"戏班就不同了，演出地点的不稳定和演员频繁流动，生活和工作无规律可循，不允许事事按部就班，随机性太强了，因此，上新戏前大家只能挤时间找空隙凑一凑：饭桌上、麻将桌上、化妆台前……都可能成为排练场所，叫作"革命、生产两不误"；剧情不熟练没关系，还可以一边说戏一边演出，甚至专门有人躲在帷幕后为前台演出的演员提醒台词，所以演员们也都练就了一身临场应变的工夫。再则，历史上川剧艺术划分为不同流派，比如以成都为中心的"川西坝派"，以南充为中心的"川北河派"，以资中、资阳为中心的"资阳河派"，以重庆为中心的"下川东派"等等，各个流派都有自己辣手的剧目，即便同一剧目，流派间在表演技艺上又都各不相同。更何况"火把"戏班的演员来自各个地区，分别受到不同流派的影响，演出前对剧目不做协调统一，这戏就演不下去。记得正月初九包拯包大人的生日那天，王亮戏班在金轮包公庙里演出包公戏《四下河南》，据说该戏有多个本子，演出套路各异，只好在演出过程中不断进行协调，于是，就有了前台一边演着、后台一边练着（旋排旋演）的情形。排练时的争论是正常的，但戏班里跑龙套的老演员尹红与唱旦角的刘佐香却因各持己见在后台上演了一出惊心动魄的"武戏"：尹红是个火爆脾气、急性子人，言语中时有顶撞；刘佐香又是戏班里的当家花旦，难免流露出凌人盛气，几句话不中听两人便吵闹起来，为了在气势上压倒对方，声音一个比一个大，骂出的话一个比一个难听，生活中舞台上能够想得到骂得出的丑话脏话全都用上了。后来骂已经不解气，更加之以拳脚。先是尹红要去掀翻刘佐香夫妇搭在后台的床铺，刘佐香当然不依，便上前抓扯，尹红毕竟年纪大些，手脚上显然落了下风，情急中竟拾起半截砖头砸向刘佐香，所幸不曾击中。这场因说戏而导致的"战争"当然只局限于后台，前台的戏依然演着，铿锵的锣鼓声总会盖过了一切烦扰。在大家的规劝下，几分钟内风波逐渐平息，尹红和刘佐香照样上台演出，就像什么都没有发生过，很快便融入了剧情。

《四下河南》讲的是被恶霸与官府勾结逼死了丈夫的寡妇赵田氏，领着一对儿女从四川历尽艰辛"四下河南"开封府，找包青天申冤雪仇的故事。其中赵田氏由刘佐香饰演，一个苦命而倔强的女性形象被她演绎得惟妙惟肖，真情所至，无论低唱浅吟，抑或呼天抢地，字字捣人肺腑，声声催人泪下，搅得台上台下一片呜咽之声。这种演员与观众真情互动的情形，在所谓"专业"剧团的演出中恐怕是比较少见了。如果说那些吃国家饭的"专业"川剧演员具有较高的艺术修养和熟练的演唱技巧，能够在表演中以技动人的话，那么，这些"在野"的民间川剧艺人，将自己的身世感受融入剧情，以真实、质朴、自然的表演奉献于观众，是一定能够以情感人的。

民间川剧演员们很努力，喜爱川剧艺术的观众也很捧场，但整个戏剧市场急剧萎缩却是谁也无法回避的现实，能够在残酷的现实面前硬撑起民间戏班的大旗不倒，无疑是做了一桩天大的"善事"。像万国兵、王亮……以及许许多多有理想有追求的川剧人，他们的努力未必换得来川剧艺术的复兴。

那一年的夏季尤其酷热难当，由白玉清师傅组伙的"安岳川剧团"正在成都郊区的白家茶铺唱台口儿。既然号为"剧团"，从班主、演员到敲锣打鼓的总共十三人，小得不能再小了，就这么个阵容，照样上演传统大幕戏《白蛇传》。这天我和一位朋友下午准二时来到了这里，正好是常规的开演时间。演员们已经化好妆候在后台，开场锣鼓敲了一遍又一遍。但一直待到二时半还不见演员出场，我有些纳闷：等什么呢？环顾四周，台上锣鼓虽敲得热闹，但台下百多平方米的堂子里，算上我和我的同伴，总共才二十位观众。难怪！寻思中，那个反串饰演"青蛇"的小伙子赵兵走上了前台，向着观众席一抱拳，然后道："各位老辈子，对不住了……"！意思是今天观众太少，收到的看戏钱不足以支付演出的费用（"火把"戏班演员的收入通常按演出场次支付，不演则没有），要么大家再凑些，要么不演了。

一个戏班里演员还是要分主次的，水平高的饰重要角色，收入也高出其他。今天所演《白蛇传》中以饰白娘子、许仙、法海和尚的为主要演员，按时下行情，一次不低于十五元人民币，三个十五就是四十五元。可今天仅二十位观众，每位交三元钱，其中五角为茶铺老板的茶叶钱，剩下二元五才是戏班的收入。二十个二元五角也就五十元，除去几元钱的戏台照明等杂项开支，即便够上了三位主要演员的薪水，戏班的其他人岂不是只能喝西北风？再瞧瞧台下这些观众，大多是七老八十的婆婆爷爷们，他们虽然对川剧艺术的热爱痴心不改，但都不是经济上宽裕的主，如何能够承担这份本不应该承担的追加费用呢？

僵持的场面令人难堪，台上台下近五分钟几无声息。眼见着大家都对结局不抱什么希望的时候，赵兵终于又出现在台前，他按捺不住兴奋地向大家宣布："感谢吴金贵老师帮补了不足的费用，今天的演出马上开始，不好意思让各位久等了。"吴金贵老先生，一位七十多岁的退休教师，从微薄的退休金中数出了四十五元钱，解决了主要演员今天的出场费用。

开场锣鼓又一次敲响，今天的戏终于开演了。

但明天呢？

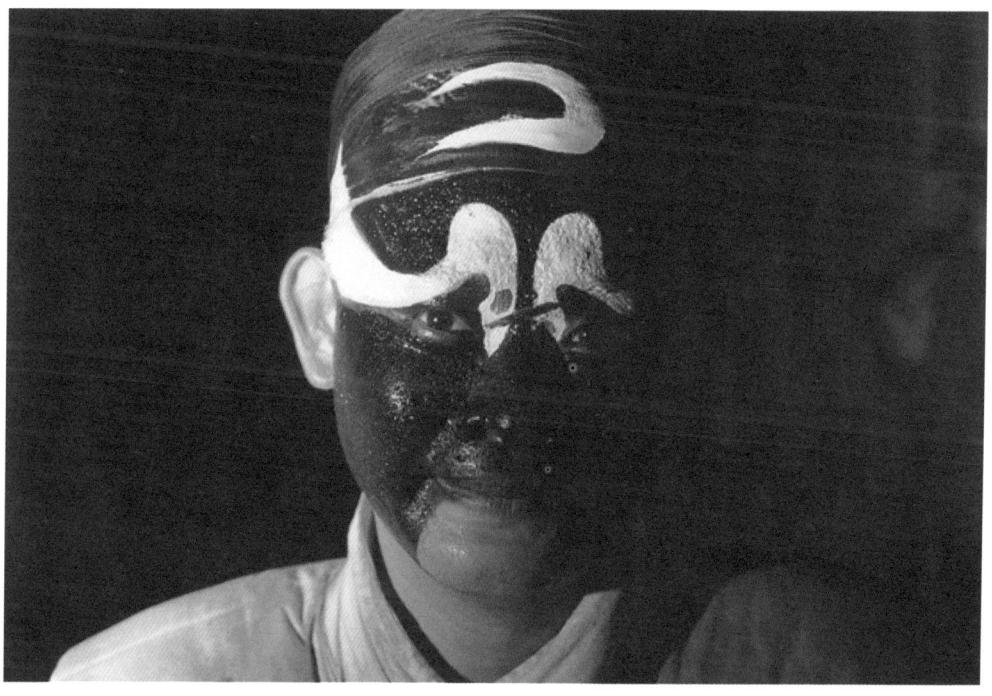

1993

花脸
成都水井街

1985

补妆　成都水井街

1994

1991

吃茶听戏
成都驷马桥

1997

戏
迷

成
都
黄
龙
溪

2
3
3

接班人
成都苏坡桥

1991

一家子
成都锐钯街

图书在版编目（ＣＩＰ）数据

市井中国 / 陈锦著. -- 北京：五洲传播出版社，
2017.3（2018.10重印）
  ISBN 978-7-5085-2615-7
  Ⅰ.①市… Ⅱ.①陈… Ⅲ.①社会生活—史料—中国
Ⅳ.①D669
  中国版本图书馆CIP数据核字(2017)第023024号

市井中国

著　　者：陈　锦

出 版 人：荆孝敏

责任编辑：梁　媛

装帧设计：何　睦

书籍制作：青芒时代

出版发行：五洲传播出版社

地　　址：北京市海淀区北三环中路31号生产力大楼B座6层

邮　　编：100088

发行电话：010-82005927，010-82007837

网　　址：http://www.cicc.org.cn，http://www.thatsbooks.com

印　　刷：北京凯德印刷有限责任公司

版　　次：2018年10月第2次印刷

开　　本：16开

印　　张：15

字　　数：220千字

定　　价：68.00元